大谷翔平 語録

BACKSTAGE of SHO-TIME

斎藤庸裕

Nobuhiro Saito

宝島社

まえがき

２０１８年２月１日（現地時間、以下同）。大谷翔平は、米国カリフォルニア州のロサンゼルス国際空港に到着した。ゲート出口から関係者の車に乗り込むまでの道すがら、筆者は「お疲れさまでした」と声をかけた。突然、初めての顔に大谷は困惑したことだろう。言葉は返ってこなかったが、軽く会釈されたことを記憶している。あの時から、世界最高峰のメジャーリーグに挑戦する二刀流を追いかける日々が始まった。

苦しんだ1年目のキャンプ、鮮烈デビューを飾った開幕戦、右肘や左膝の故障、サイクル安打、大不振に陥ったコロナ禍の3年目、二刀流で進化を遂げた4年目。オールスター出場、史上初の記録の数々、ＷＢＣ優勝……振り返れば何度も何度も節目の瞬間に立ち会ってきた。すべてではないが、そのたびに大谷の言葉をリアルタイムで聞くことができた。この縁に恵まれたことは、ただただ感謝でしかない。

冷静沈着なコメントがほとんどだが、野球観や物事の考え方に驚かされ、学ぶことも多々あった。質の低い質問で素っ気ない答えが返ってきたことも、何度も経験した。取材は失敗の連続。正直、うまくいかないことがほとんどだ。プレーしている選手と比ぶべくもないが、広大な米国で東西南北を移動する半年間は体も酷使する。ふと、なぜ取材を続けていけるのか考えることがある。それはシンプルに〝野球が好き〟なのだと思う。そして、二刀流で挑戦する大谷を見続けたい――。その気持ちが勝る。

6年間、米国の現地メディアのなかで、最も多く囲み取材の質疑応答に参加しているはずだが、正直、いまだ大谷翔平という人間を理解するには至っていない。番記者としては、恥ずかしい限りである。ただ、大谷があの時、どんな言葉を口にし、何を考えていたのか、どんな表情だったか――記憶の蓄積は十分にある。

本書では、取材のなかでも印象的だった大谷の言葉をテーマごとにまとめている。大谷翔平のメジャーリーグでの軌跡を、彼の「肉声」を中心に記録したものだ。もちろん言葉に対する感じ方や、捉え方は人それぞれだ。筆者自身は大谷の言葉に感化され、前向きに、楽しく生きるためのヒントを得た。本書であなたの知らない大谷翔平を発見することができたならば、これ以上の喜びはない。

斎藤庸裕

ANGELS

大谷翔平　語録

目次

第1章 挑戦者

第2章 不可能を可能にする

第3章 ライバルと仲間の存在

第4章 自分との戦い

OHTANI
17

第1章 挑戦者

メジャー1年目の決意

今までやってきたスタイルをしっかりここで発揮できるようにやっていきたい

大谷翔平を取材し続けた6年間を振り返ると、今だからわかることもある。それでも、理解していることはほんの一握りかもしれない。大谷翔平とは、どんな野球選手で、どんな人間で、どんな考え方をしているのか。観察、質疑応答、数少ない会話のなかから、これらの疑問を解明しようとしてきた。

野球もそれ以外のことでもブレない軸はあるが、変化することも厭《いと》わない男。たとえるなら、太い幹を持つ大木でありながら伸びる枝葉はさまざまな形や色に変化していく——。筆者にとっての大谷翔平はそんなイメージだ。

変える必要があれば変えればいい

いまやメジャーリーグの顔となり、注目度もナンバーワンと言っていい。取材規模の大きさはメジャー1年目からほぼ変わっていない。2018年の春季キャンプ初日の現場からすでにカオスだった。取材ノートを見返すと、その時の報道陣は日米合わせておよそ120人。エンゼルスがキャンプ拠点としているアリゾナ州テンピの施設には合計8つの練習場所がある。大谷がメイン球場から他のフィールドに移動すれば、一斉にメディアとファンも移動する。異常なまでの注目度だった。

キャンプ初日を終えた後の会見は、球場に隣接するリゾートホテル内で行われた。

「基本的に野球の部分は変わらないので、自分の持っているものをしっかりグラウンドの中で発揮できれば、自分をアピールできるのかなと思っています」

「まずは何も変えずに、自分のやってきたところをベースにしっかり取り組んでいって、あとは変えなきゃいけないところは、その都度、変えていければいいかなと。まずは、今までやってきたスタイルをしっかりここで発揮できるようにやっていきたい」

自分の軸はブラすことなく、必要と感じれば柔軟に変化を加えていく。6年経ってもこの考えはおそらく変わっていないだろう。メディアやファンの注目度に対する受け答えも、現在と変わらないものだった。

「日本でもそんなにプレッシャーのかかるほうではなかったと思っているので、好きな野球をしっかり、最後まで諦めずにプレーするだけ。その過程のなかでファンの方々が喜んでくれたらうれしいですし、まずは勝つことを優先にやれたらいいかなと思っています」

大事なことは、好きな野球を一生懸命やっている姿を見せること。二刀流で歴史的な活躍を見せ、リーグMVPを獲得した2021年も、同じニュアンスのコメントを残している。

「プレーする側としては、(ファンに)夢を与えようとか、元気を与えようみたいなものはまったく考えていないので、そう受け取ってもらえたらうれしいなと思って毎日、頑張ってますし、そう受け取ってくれるのは、その人がそういう感覚を持っているからなので、そういう純粋な感覚があるなら、それはそれで素晴らしいこと」

誠実さが伝わると同時に、驚きでもあった。よく考えてみれば、〝トップアスリートには夢を与える役割がある〟という先入観があったからこそ、この言葉に驚かされたのである。大谷の取材を続けているとこのように、しばしば自分の「先入観」や「常識」が覆されることがある。

プレーもしかりだ。不調が続いたと思えば突然スイッチが入ったかのように打ちまくり、こちらの予想を上回る結果を残す。そのたびにハッと冷静にさせられる。そうだ、この男は誰もでき

2017年12月9日、ロサンゼルス・エンゼルス入団。メジャーでの二刀流伝説の始まり

なかったことをやろうとしているのだ。これまでの常識など当てはまるはずがない。いい意味で驚きの連続。ベーブ・ルース以来の二刀流とされるが、現代にサンプルなどない。誰も歩もうとしなかった道を切り拓いているのだから、予想などできるはずもない。

10年後を見据えたトレーニング

有言実行で突き進む点も、大谷を語る上では欠かせない。1年目、メジャーキャンプ初日のコメントで気になる言葉があった。

「5年後、10年後をしっかり見てトレーニングをしていこうと思っているので、長期的なスパンのなかでよくなっていければいい」

フィジカル面に関する質問に対してこう答えた。当時23歳。10年後の自分まで見据えたトレーニングをすでに始めていた。学生の頃に目標設定シートをつくるなどして将来の目標を立ててきた大谷にとっては、特別なことではなかったのかもしれない。この言葉通り、1年ごとに着実に体は大きくなっていった。

フィジカル面の成果が顕著に表れたのは4年目。2021年2月の春季キャンプはコロナ禍の影響により、通常は取材可能なフィールド上が立ち入り不可となった。取材は「Zoom」の画面を通して行われた。間近で感じることはできなかったが、球団から提供された初ブルペンの動画を見て驚いた。映像でもはっきりとわかるほど下半身ががっちりとしていたのだ。2019年に手術した左膝のリハビリを終え、強度を上げたトレーニングが可能となったことで屈強な上半身を支える「土台」が完成していた。

右肘や膝の手術など、3年目までは故障が重なったことで思い描いていた構想からは遅れたのかもしれない。ただ大谷はこの3年間で、二刀流でシーズンを完走できる体をつくり上げた。5年目の2022年も投打でフル回転のシーズンを送ったにもかかわらず、負傷者リスト（IL）に一度も入ることはなかった。グラウンドでのパフォーマンスだけでなく体調管理の面でも、選手や歴代の監督から称賛されている。

驚異的な数字を残しても、世界ナンバーワンの選手だと評されても、まだまだ本人にとっては発展途上なのだろう。大谷が自身の夢が現実になったと実感するのは、いったいどんな瞬間なのか。

「そう思った瞬間が今まで一度もないので、まずはそこを目指して頑張っていく途中だなと思ってますし、それがいつ来るのかというのは、野球をやめた時なのか、途中なのか、現時点ではわからないのが、素直な気持ちかなと思います」

これもメジャー1年目、キャンプ初日の言葉だ。今は違う感覚かもしれない。ただ、これからも大谷自身が描く夢に向かって懸命にプレーし続けることだけは、間違いない。

レジェンド選手から得たもの

プホルス選手を身近で見られたのは、すごくいい経験というか、光栄なことだったなと思います

大谷がメジャーデビューしてから間もない頃、うれしそうな表情で印象的な言葉を残したことがある。

「できれば後ろで見たいなと思っていたので、すごい歴史的な瞬間を間近で見られて僕自身は一生自慢すると思います」

２０１８年５月４日、当時チームメートだったアルバート・プホルスが通算３０００安打の大

記録を達成した。「5番・DH」で出場していた大谷は、ネクストバッターズサークルで大打者の節目の記録を目撃。試合後、少年のような無邪気な笑顔でこの光景を振り返った。

打撃フォームを変えたきっかけ

2022年シーズン限りで現役引退し、通算703本塁打の記録を残したプホルスは、大谷に大きな影響を与えた選手の一人と言っていい。1年目の春季キャンプに臨む前には、本拠地アナハイム近郊で合同練習に誘われた。メジャー挑戦の心構えについてアドバイスをもらい、同僚として戦うなかで見て学ぶことも多かった。

「技術的な部分もそうですけど、最初は日本の時と変わらずに、野球は野球で変わらないので、自分のやってきたものっていうのをしっかりグラウンドの中で出せれば、十分いいんじゃないかなというふうには言ってもらいました」

このアドバイスは、メジャー1年目の春季キャンプ初日を終えて大谷が明かした心境とシンクロする。新しい世界に飛び込む時は誰もが不安に思うもの。プホルスに背中を押されたことは、何より心強かっただろう。1年目の終盤、大谷は周囲の助けに感謝の言葉を述べている。

「すごい（メジャーリーグの）レベルが高いなというのは日々感じていましたし、自信が少しなくなっている部分はあったかなと思うんですけど、GMのエプラー（現メッツのビリー・エプラーGM）さんとも話して、『自分の才能だけは失わないように自信を持っていってほしい』と言われたので。そういう言葉もそうですし、コーチ、バッティングスタッフの方々もそうですし、技術の面でもすごくいろいろ教わったことが多かった」

球団スタッフ、チームメートの助けがあってこそ、1年目のシーズン開幕から投打で秀でた能力を発揮することができた。プホルスからはメンタル面だけではなく、技術面でも大きな影響を受けた。

「ヒールダウンをやろうかなと思ったのも、プホルス選手を見て決めたので、そういう意味でもすごく影響を受けてますし、練習の仕方もそうですすけど、あそこまで（現役選手で）長くやるというのは何か秘密があると思うので、それを身近で見られたのは、すごくいい経験というか、光栄なことだったなと思います」

1年目のオープン戦で打率1割2分5厘と苦しんでいた大谷は、シーズン開幕直前、右足を上げるフォームから、かかとの上げ下げでタイミングをとる「ヒールダウン」に変更した。日本時代から比べれば大幅な変更だ。そのきっかけがプホルスだった。プホルスが3000安打に到達した時の大谷の言葉は、より印象深かった。

「僕が語っていいほどのものではないですし、途方もないような努力と成績だなと思うので、その歴史的な記録と背中を後ろから見られたのは、個人的には特別なこと」

試合中にベンチでプホルス選手（手前）と
笑顔で談笑（2018年4月9日）

尊敬できる選手を手本に

大谷が本拠地でメジャー初本塁打を放った時、ベンチで同僚たちが知らんぷりをする〝サイレント・トリートメント〟を、マイク・トラウトとともに仕掛けたのもプホルスといわれている。試合前練習ではバットを交換し、打撃ケージ裏ではバッティング談議を交わしたこともある。かつて、大谷の囲み取材中、帰途につくプホルスがメディアの輪の外から「オオタニサン！」と大声で叫んだ時には、大谷が「びっくりしたぁ」と目を丸くして驚いていた。ストイックな面とイタズラっぽい姿は、どこか共通点があるように思えた。

メジャーリーグのスターとはどんな存在か、大谷はプホルスが稀有のスターとして輝く姿を目の当たりにしたこともあった。2012年にカージナルスからエンゼルスに移籍したプホルスは2019年6月、初の凱旋シリーズで敵地セントルイスのファンから大歓迎されている。

「すごかったですね。エンゼルスタジアムなのかなっていうくらい盛り上がっていましたし。ホームランを打って、打つべきところでしっかり打って、やっぱりすごいな、スターだなって。ベンチからはそういうふうに見えたかなと」

プホルスは2戦目で本塁打を放ち、シリーズ3戦で打率3割6分4厘（11打数4安打）の結果を残した。古巣ファンの期待に応えるパフォーマンスだった。

「僕が見ているなかでもいろいろ試しながら、あれだけやってきても、よりいいものを探す。そういう姿勢は素晴らしいなと。毎日毎日、打っている量も多い。そういった点でも素晴らしいと思います」

42歳まで22年間、現役を続けた大打者の晩年は、本塁打や打点をあげれば、そのたびに記録が生まれる状況だった。大谷はそんな姿を見て、こう語っていた。

「本当に毎日、毎日、何かしらの記録を塗り替えているような印象なので、それくらい素晴らしい選手ですし、それでも毎日毎日、人よりも練習を重ねたりとか、そういうところは見ていて勉強になるなというか、手本になるなと思います」

野球界の最高峰とされるメジャーリーグ。年々進化を遂げなければ、生き抜いてはいけない。実績のある強打者や好投手に対し、相手は目の色を変えて立ち向かってくる。打ち勝つには日々、工夫して改善していく必要がある。大谷の言葉を振り返ると、プホルスの姿がそれを体現していたように感じる。

二刀流はファンとともに

ファンの声援は一番のドーピングじゃないかなと思っているので

大谷の二刀流はファンの声援に支えられている。日本ハムファイターズからロサンゼルス・エンゼルスへの移籍が決まり、意気込みを語った時の言葉が今でも忘れられない。２０１７年12月9日、一般公開されたエンゼルス入団会見で、ファンにメッセージを伝えた。

「僕自身は、ファンの方々と球団の方々と一緒に（二刀流を）つくっていくものだと思っているので、まだ完成した選手ではないですし、みなさんの応援で成長させてほしい。僕もそれに応えて頑張っていきたい」

日本語から英訳されるまでにタイムラグがあるため、現地のファンの反応を待っていた。数秒後、球場外の会見場は大いに沸いた。その時も、どこかうれしそうだった。

声援が大きければ大きいほど、アドレナリンが出る。メジャーでも1年目から、その姿は変わっていない。象徴的だったのは2018年4月8日、メジャー2試合目の登板の時だ。ファンの歓声とともに大谷のギアは上がっていった。

「なんとなく、抑えられる雰囲気を球場全体につくってもらっていた」

渾身のガッツポーズが何度も出た。7回1死までパーフェクト投球の〝ショータイム〟。12奪三振をマークし、三振を取れば取るほど球場のボルテージは上がった。登板2試合目で圧倒的な投球を披露した二刀流。強烈な印象を残し、その後も語り継がれる一戦となった。

気持ちが入らなかった「無観客試合」

大谷にとってファンは欠かすことができない存在だ。メジャー6年間で極度の不振に陥ったシーズンが2020年。コロナ禍でシーズン60試合に短縮され、全試合が無観客で開催された。ファンの顔のイラストが描かれたボードを観客席に置き、声援を模した音声が流されることもあった。できるだけ球場を通常の雰囲気に近づける工夫でもあったが、無観客試合は大谷のパフォーマンスにも影響を与えた。同年のシーズン開幕前に大谷はこう語っていた。

「テンションの上がり具合も違うと思いますし、結構、そこに左右されると個人的には思っているので、一つ大事な要素ではあったかなと思いますけど、気にしてもしょうがないので、始まってから慣れるしかないかなと思います」

だが、違和感は拭えなかった。大歓声の中でプレーしてきた大谷にとっては、異世界のようだったにちがいない。

「練習試合に行くというか、人がいなかったりというのは変な感じがするなぁっていうのはあったかなと思います。どうしても気持ちが入らなかったっていうのは多少あった。ファンの人の声援があるかないかでだいぶ違いますし」

もちろん、フィジカル強化や技術改善の効果も大きかったが、二刀流で完走した2021年シーズンはファンの声援にも確実に後押しされた。喜びとうれしさからか、有観客で再確認した感情はさまざまな言い回しで言葉に表れた。

「オープン戦ですら去年の公式戦より試合をやってる感じがしていたので、やっぱり楽しいですね、いっぱい入ってくれて。その中でやってるほうが野球やってるな、公式戦やってるなって、そういう雰囲気があって楽しいと思います」

「一番のドーピングじゃないかなと思っているので。声援があるかないかは打席でもマウンドでも、どの程度集中できるかっていうのも変わってきますし、球場全体の雰囲気がボールやバット

2018年4月8日、本拠地初登板で7回1死までパーフェクト。超満員の球場で渾身のガッツポーズ

にも乗るのかなっていうのは、データではわからないですけど、あるかなと思っています」

「打席での集中力というか、なんとなく打てそうだなとか、抑えられそうだなという雰囲気をつくってくれるのはファンの人じゃないかなと思うので、いるといないのではまったく違う」

「一番（の原動力）は、やっぱり球場に足を運んでくれているファンの人じゃないかなと。それは結果が出る、出ないにかかわらず来てくださるファンの人もいるし、そういうファンの人が喜んでいる姿を見たいなというのが一番」

言葉を並べると大谷にとってファンの存在がいかに大きなものかがわかる。故障を繰り返し、苦難もあったが、ファンの声は届いていた。「特別なことをやってきましたし、そのなかで応援してくれる方が多かったので、すごく感謝しています」。

「楽しんでもらえるのが一番」

いまやメジャーリーグだけでなく、野球界全体を代表する顔になった。その二刀流の原点は、母国・日本にある。記憶に新しいのは、初出場した２０２３年の第5回ＷＢＣ（ワールド・ベースボール・クラシック）での出来事だろう。１次ラウンドで来日した際に、日本のファンとの交流をできる限り楽しんでいた。メジャーではシーズン中、めったに見られなくなったフリー打撃を何度も披露。特大弾を放てばバンザイし、見る者を盛り上げるパフォーマーになっていた。

「楽しんでもらえるのが一番」――。3月6日に行われた阪神との強化試合では、試合開始前に三塁側でファンへのサインに応じた。DHで試合に出場する直前、きわめて珍しい光景だった。大会期間を通じ、感情をあふれさせ、とても楽しそうにプレーしていた。「僕はいつも楽しいですよ」と語っていたが、日本代表としてプレーし、その姿を見せられることにワクワクしていたにちがいない。

「僕自身も楽しみにしていたので。それ以上にファンの人が楽しみにしてくれていたのかなって。それは単純にうれしいですし、やっぱり勝って（喜びを）共有したい」

WBC出場を決めた時には自身のインスタグラムに、「5年ぶりに日本のファンの皆様の前で野球ができるのを楽しみにしています」と綴《つづ》った。侍ジャパンに合流後、選手たちと全員集合して会食。その時も「ファンの皆さん、一緒に頑張りましょう」とインスタグラムにメッセージを残した。WBCの大会中にはヒーローインタビューのお立ち台で「まだまだ声援が足りないので、もっともっと大きい声援をよろしくお願いします」と笑顔で呼びかけた。

2017年12月、メジャーへ旅立つ際、札幌ドーム（当時）で開催された一般公開の会見でスピーチした。約1万3000人の前で伝えた言葉が、大谷とファンの結びつきを象徴している。

「自分を応援してくれる人や支えてくれる人、そういう人たちがこれだけいると実感するだけで、僕は米国でもっと強く、そして成長できる」

スーパースターたちとの対戦

「今日はここがよかったな、ここが悪かったなっていうのが、出てくることっていうのは、すごい幸せなことじゃないかなと思っている」

大谷を取材していくなかで、メジャー屈指の好投手や強打者との対戦が、彼の生きざまを示しているように感じる。「すごいレベルが高いのは日々感じていた」と1年目に語っていたように、球界最高峰のリーグを生き抜く選手たちとの戦いは過酷だった。

なかでも印象深いのが、ジャスティン・バーランダー投手（メッツから2023年8月にアストロズに復帰）、ゲリット・コール投手（ヤンキース）との対戦だ。アストロズ在籍時代の両投手との対戦では完敗から攻略の道を探り、レベルアップにつなげる過程が顕著に表れていた。

「いくら払ってでも経験する価値がある」

1年目シーズンの2018年5月中旬、初対戦ではともに歯が立たなかった。両投手に対して語った言葉に重みがあった。

「やっぱり素晴らしい投手だなと1試合通してそう感じましたし、トータルしてすごく完成されてる投手だと感じました」

「トップクラスの2名とやれたというのは自分にとってはよかったと思いますし、いくら払ってでも経験する価値のあることとなのかなと。それくらい素晴らしい投手だなという感じはしたので、これを自分にどうプラスにしていくか。次の対戦での結果がだいぶ違ってくる。そこ次第かなと。なかなか打ち崩すのは難しいとは思いますけど、そこをクリアしていくことによって、自分のレベルもそうですけど、チームのレベルも上がっていくのかなと思います」

バーランダーに関しては、次のようなコメントも残している。

「野球をやってきて、おそらく打席の中で見た一番速い球じゃないかと思いますし、それはもうスイングしてても、やっぱりここまで品のある球というか、スピードもそうですけど、なかなか経験したことがない。逆にそこをクリアしていく楽しみというか、技術を含めてそこのほうが今後の自分にとって大事。また何回も対戦する機会があると思うので、そこで超えていけるように練習したい」

言葉通り、2カ月後にはバーランダーから初安打を記録。ただ、攻略の糸口を見つけても、リスペクトの姿勢は変わらない。

「ランナーがいてもいなくても、終始ボールも強いですし、投げるところにしっかり投げられていますし、そこはもう全然トップクラスのピッチャーだなという感じはしたので。やっぱり（二塁走者として）後ろから見る感じも勉強にはなるかなと思う」

「毎回毎回、どの視点から見ても勉強になることばかりなので、コール投手もそうですけど、同じ右投手としてもすごく、勉強になることは多い」

２０１８年８月、３度目の対戦ではバーランダーから初本塁打を放ち、２年目の２０１９年７月には２本目の本塁打をマークした。改めて同投手のすごみを語った上で、冷静な分析も披露した。

「１球１球、何か特別なボールを投げるわけではないので、直球、スライダー、カーブ、チェンジアップ、そのオーソドックスな球種がどの投手よりも、１ランク、２ランク高い。こちら側が特別なことをしようというわけではなくて、失敗したら失敗したで次につなげればいいですし、成功したら成功したで、よかったというだけなので、その１回１回かなと思います」

最初は完璧に封じられても、徐々に対応していく。打者・大谷はそうして進化を重ねてきた。

2018年8月25日、メジャー屈指の好投手
バーランダーと3度目の対戦で初本塁打

コールからは同投手がヤンキースに移籍して3年目の２０２２年、対戦5年目で初本塁打を放っている。

失敗ばかりにフォーカスしない

もちろん、この2投手だけではない。世界中から超一流選手が集まるメジャーリーグでは、これまで見たことのない軌道のボールを投げる投手はざらにいる。必然的に打ち取られ、失敗も多くなるが、その失敗のなかから活路を見出すのも大谷の特長だ。世界最速の左腕、アロルディス・チャプマン（レンジャーズ）との２０２３年の対戦で語った時の言葉が印象深い。

「（球の）スピードもありますし、力もあるので、なかなかアジャストできないなかでどうやって対応していくか。打席に入る前から考えていたので、なんとかつないで、次にいければよかったんですけど、あそこで１本打てないというところでは力が足りない」

2年ぶりの対戦は遊飛で完敗を認めた。だが、それだけではなかった。2カ月後の再戦で得た四球を前向きに捉えていた（当時、チャプマンはロイヤルズ所属）。

「結果的にしっかり見極めていたというのは、これはもらった四球ではなくて、しっかり取っている四球なので、これは進歩しているんじゃないかなと」

失敗ばかりにフォーカスせず、いいところにも目を向ける。これが自分磨きを楽しく進めていく方法の一つなのかもしれない。

「毎日、毎日、勉強していますし、こうやって力のある投手とやれるというのは、個人的にはいい経験になっていくと思うので、それを生かして次につなげられるような取り組みができれば、いつか、いい結果につながると思います」

長い目で見て研鑽《けんさん》を重ねる。何事も最終的に好結果が出ると思えれば、たしかに、その過程も楽しいと感じられるのかもしれない。２０２１年シーズンで満票のリーグＭＶＰに輝き、日本記者クラブで行った質疑応答で、そうした答えがあった。

「毎日、毎日、試合があって、よかった、悪かったという結果が必ず出てくるので。今日はここがよかったな、ここが悪かったなっていうのが、出てくることっていうのは、すごい幸せなことじゃないかなと思っているので。普通の生活では味わえないというか、そういう経験をさせてもらっていること自体、すごいうれしいこと」

日々、成功や失敗が繰り返されることへの特別感――。これを楽しめることが、その道を究める秘訣なのかもしれない。

故障欠場でわかったこと

「どれぐらい試合に出られるか、どれぐらい打席に立てるか、どれぐらい登板できるか、というのが一番かなと思います」

メジャーリーグの試合では、先発投手が試合後に囲み取材を受けるのが通例だ。大谷もしかり。だが過去に3度、試合後のコメントがなかったことがある。1度目は2018年6月6日のロイヤルズ戦、2度目は2020年8月2日のアストロズ戦、3度目は2023年8月23日のレッズ戦で、いずれもその後、故障が発覚している。

1度目の故障は3度目の2023年から5年も遡《さかのぼ》る出来事だが、鮮明な記憶として残っている。

バックネット裏の記者席で目撃した光景は、やはり異様だった。

大谷は5回のマウンドに上がり投球練習を始めた。ところが、当時女房役だったマーティン・マルドナド捕手がベンチに向かって合図を送った。当時のマイク・ソーシア監督と球団トレーナーに促され、大谷はマウンドを降りた。表情やしぐさから不満と怒りの感情があふれているのがわかった。

投球内容に対して納得がいかずイラ立つことはあっても、投手交代に対してあれだけ不服な態度を表したことは、今振り返っても、この一度きりだったように思う。

試合に出られないもどかしさ

1年目はほぼ毎日、エンゼルスタジアムの会見場で取材対応を行っていた大谷が、この日は姿を現さなかった。そして突然、球団広報から「ケアをしていてチームの移動もある。会見場には来ない」と発表された。翌日、精密検査で右肘の靱帯損傷が発覚。ミネソタ州ミネアポリスでのツインズ戦に向け移動するチームに、大谷は同行していなかった。その後約1カ月間、エンゼルスタジアムで回復を待ちながら、他の故障者とともに調整を続けていた。

大谷は何事も経験と捉え、前向きな視点を持っている——。故障もしかりと思っていたが、そうではなかった。復帰後、初の会見で意外な言葉が返ってきた。

「ケガをして思うのはやっぱり、すごく無駄な時間というか、周りの人にも迷惑をかけますし、個人的にもゲームに出ていかないと自分に足りないところが見えてこない。ケガをしてプラスになることもあるかもしれないですけど、基本的にはそんなことはないと思って、予防しながらやっていくのがベストじゃないかなと」

故障した経験が生きることもあるが、試合に出られないことに対するマイナスのほうが大きいと語った。

「打てない、打てるとか、抑えられない、抑えられるというのは実力の問題なので、そこについては悩むんですけど、変な悩み方というのはないのかなと思いますし、ケガをした時はやっぱり、やれるのにやれなかったりとか、本来なら出続けられるのにケガをして出続けられないというのは、もどかしい感じだった」

改めて故障が及ぼす影響を実感したのかもしれない。とにかく、健康体で試合に出続けることが、まず最初の目標としてある。初めて二刀流で完走したのは2021年シーズン。投打で驚異的な結果を残し、今後の目指すべき成績を問われてこう語った。

「どれぐらい試合に出られるか、どれぐらい打席に立てるか、どれぐらい登板できるか、というのが一番かなと思います。あとはやれることをやって、残った数字でシーズンが終わった後によかった、悪かったっていうのを自分で振り返ればいいかなと思っているので。一番は、健康でシーズン通して出続けること」

2018年6月6日のロイヤルズ戦に先発し4回1失点で降板。右手中指の皮がはがれているのが確認できる。試合後に右肘靱帯の損傷が発覚

２０２２年シーズンも安定して二刀流のパフォーマンスを継続させた。節目の記録を達成した時にも繰り返されるのは「健康」という言葉。それだけ、試合に出続けることが大事な要素である証拠だった。

成績以上に重要なこと

メジャー移籍後、初のシーズン10勝に到達し、ベーブ・ルース以来１０４年ぶりとなる「2桁勝利&2桁本塁打」の快挙を達成した時にも、「一番はなるべく健康で、いい状態で最後まで試合に出るのが目標だと思うので、あまり先を見すぎてもしょうがないですし、まずは明日、また、いい状態で臨めるように、ちゃんと寝て、いい明日を迎えられるように頑張りたい」と語っている。

日本人で初の2年連続30本塁打に到達した時も、「単純にうれしいですし、ここまで安定してしっかり出続けられているのがまず、いいところかなと。継続して最後まで健康で出られるように、調整したい」と話し、シーズン完走に重きを置いていた。

打者で規定打席、投手で規定投球回に到達し、投打で史上初の「ダブル規定」を達成した２０２２年のシーズン最終戦、この時も同様のコメントを残した。

「まず、安定して毎試合投げられたのがよかったところ。それが一番かなと思う。健康な状態で毎試合、疲れるのは別として、マウンドに上がることができたというのは一番だと思うので、それをまた来年継続して、もっともっと成長できれば、もっともっといい選手になれると思います」

本塁打や奪三振などの豪快なパフォーマンスが注目されがちだが、大谷の言葉通り、投打とも健康体でシーズン162試合に出続けること。そして、これを毎年、続ける――。それこそが最も称賛されるべきなのかもしれない。

2023年6月、同学年で仲がいいシカゴ・カブス、鈴木誠也外野手とリーグ交流戦で再会、うれしそうな笑顔を見せていた。その時を振り返った言葉が印象的だった。

「本人もケガでなかなか最初出られなかったという苦労もあったと思いますし、二人とも健康な状態で試合に出られるのが一番お互いうれしいんじゃないかなと思うので。僕自身もそうですし、誠也もここからケガなくシーズン、まず走り抜けてほしいなと思います」

故障を経験してきたからこそ、鈴木誠也のもどかしい思いが理解できる。何より試合に出場することが第一。2023年シーズンは8月23日に右肘の靭帯損傷（2018年の時とは異なる箇所）が発覚し、3年連続で完走はできなかったが、現役選手でプレーを続けている限り、この考えは変わらないだろう。

スランプ時の対処法

これがいい経験だったなと思えるような発見があれば、と思ってます

誰にでも好不調の波はある。野球に限らず、仕事でも人生でも、山あり谷ありの時期は訪れる。今でこそ、メジャーリーグで群を抜いたパフォーマンスを見せている大谷も、故障以外にも何度も不調の時期を経験してきた。そんな時、どんな考え方で乗り越えてきたのか。言葉を並べると垣間見える思考がある。

故障していた期間を除けば、最初のスランプは1年目シーズンの2018年7月末から8月初

旬にかけてだった。7月26日から8月2日の6試合で打率9分5厘（21打席2安打）。快音がまったく聞こえなくなった。この時の打撃の状態を大谷は興味深い言葉で表現した。

「状態的にはそんなに変わってはないかなとは思うんですけど、微妙なズレだったりとかはもちろんある。これは事が進んでいるなかでの停滞なのかなと思っているので。そこをどうやって変えていければよい流れになるのかなはある程度はわかるんですけど、実戦のなかで結果に結びつけていくというのは、すごい難しいこと。そこに向けてやっていくしかないのかなとは思っています」

さらに、こう続けた。

「常にそういうのはあるのかなと思いますし、それはここ（メジャーリーグ）でやっていてもそうですし、ちいちゃい頃からやってきて、そういうことばかりなので。うまくなればまた打てるようになるし、もっともっと先のバッティングが見えてくるかなと思うので、楽しみな部分もあるんですけど。もちろんシーズン中なので、目先の1本、欲しくなるところではあるんですけど、長期的に見て何が大事なのかもすごい大事かなと」

体づくりや選手としての将来像もそうだが、打撃ひとつとっても長期的に先を見据えていた。実はこの発言の翌日（8月3日）、大谷はメジャー初の1試合2本塁打をマーク。停滞期に入っていると思われた直後だっただけに驚きだった。

「引き出し」を増やす

打者に専念した2019年には、本塁打が出ない時期があった。

「まったく同じ動きを毎回毎回できるために練習しているんですけど、必ず失敗が出てくるのが普通のことですし、7回失敗すれば、3回成功するぐらいの確率だと思うので。求めるところは10として、そこを求めて失敗を次につなげたい」

「いい感覚がちょっと違う感覚になるんだったら、後退というか（打撃の形が）崩れているなということじゃないかなと思いますし、その崩れた段階から次、戻す時の感覚を、こういうふうに次やればいいんだなと思ったら、次そういうふうに試せばいいので、引き出しは増えると思うので、前進はするかなと思います」

常に結果が求められる状況のなか、トライ&エラーで引き出しを増やしていく。故障の時の言葉にもあったように、試合に出続けていないと引き出しも増えなければ、不調から抜け出し元に戻す方法も見出せないのだろう。数字や成績が常につきまとうのは宿命なのだが、さらには過去の自分と比較されることも多々あった。

だが、最も信頼できるのは、経験を重ねた自分の感覚だ。

「打席の中で去年よりいいな、と思える感覚があるかどうかかなと思っているので。攻めも違い

試合前、キャッチボールの投球の合間に
（2018年7月28日）

ますし、もちろん打っている場所（コース）も違うし、必ずしも成績が下回ったからといってよくなってないというわけではない。なので、自分の感覚を大事にしたい」

「こういうこと（スランプ）も含めて実力なのかなと思っているので、打てないのは技術がないということなのかなと。ただ単に引き出しがないので、よくなるまでに時間がかかったり。それは経験していくしかないのかなと思いますね。これがいい経験だったなと思えるような発見があればと思ってます」

経験してみないとわからない

試合で結果を出すための準備でも、引き出しを増やす試みを積極的にしてきた。3年目の春季キャンプでは右足を上げてタイミングをとる日本時代の打法も改めて試した。しばらく続けた後、ヒールダウン（かかとを上げる形）に戻した。

「もともとは練習の一環でやっていたので、そのなかでタイミングというか、（投げられるボールとの）距離感を取る一つの練習方法として。1個のことだけでやっているとそれに慣れてしまうので、どちらかに（感覚が）振られないためにも両極端なことをやってみるっていうのも中立を保つ上ではすごく大事だったりする。それはシーズン中でも同じなので、練習と試合で全然違う打ち方をしたりしますけどね、調整の一環で」

試して、失敗し、そこから学び、成功につなげる。言葉では簡単だが、継続して実行に移すのは決して容易ではない。

大谷はさまざまな状況でトライをしてきた。2021年、オールスター前夜祭のホームランダービーに参加することを表明した時もそうだった。出場した選手は後半戦で調子を崩す傾向があるといわれてきたなかで、チャレンジする道を選んだ。

「やっていないので、正直わからないところではあるんですけど。そうですね、やってみないことには。何事も経験してみないとわからないと思います」

結果的にこの年は後半戦で本塁打ペースが落ち、タイトル獲得を逃した。悔いはあったかもしれないが、経験者にしかわからない感覚は得られたはずだ。

練習でも、試合でも、それ以外でも、積み重ねた経験がいつか糧になる。大谷の残した結果が、それを物語っている。

「しないならしないに越したことはないと思いますし、それで自分の100パーセントが出せるなら、やらないほうがいいと思うんですけど、そうではないと思ったので」

大谷にとって大きな決断となった。2018年9月25日、球団から大谷が右肘のトミー・ジョン手術（側副靱帯再建術）を受けることが発表された。当時のマイク・ソーシア監督が試合前の囲み取材を行う直前、エンゼルス広報がベンチ内に日米メディアを集め公表した。20人ほどの報道陣がいただろうか。その場は一時、騒然となった。

2018年6月6日、ロイヤルズ戦での登板後に初めて右肘の靱帯損傷が発覚。注射治療やノースロー調整を経て、同年9月2日に復帰登板を果たしていた。しかし、9月5日には新たな損傷箇所も見つかった。その時点で医療スタッフから手術を勧められていたが、大谷はさまざまな可能性を探っていた。自身の手術決断が公表されたのは、その20日後だった。

最終的には自ら決断

決断に至るまでの当時の言葉をたどってみる。敵地でのホワイトソックス戦を控えていた同年9月7日には次のように語っている。まだ治療の方向性は決まっていなかった時期だ。

「球団との話し合いはまだしていないので、今はそこまで詳しくどうするというのは決まってない。いくつかある選択肢のなかで一個一個、もしステップを踏んだとして、この先どういういいこと、悪いことがあるのかを把握できていればいいかなと思ってます」

当時メディアが焦点としていたのは、手術を要するような右肘の故障で二刀流は継続できるのかという疑問だった。そもそも、本人、球団ともに、二刀流継続への意志は強いのか。1年目の開幕前にオープン戦で不振だった時期と同じように、その疑問を投げかけられた。この時、大谷ははっきりと答えている。

「僕もそう（二刀流でプレーを継続すると）思っているし、球団もそう思っていると思うので、今のところはその方向で進むつもりですし、今回はこういうケガをしましたけど、この先、これ以上のケガがもしかしたらあるかもしれないので、どうなるかはわからないですけど、まずは今やることをしっかりやりたい」

さまざまな意見を聞き、先を見据えた上で手術を決断した。

「やらないという方向も含めて、いろんなプランを提案してもらって、最終的には自分で決めました」

決断へと彼の背中を押したのはなんだったのか。

「100パーセント、自分が投手としてパフォーマンスを発揮できる状態なのかどうなのか、というところだと思います。時期的なものも含めてプラスというか、ベストな選択かなと思っているので、決めた以上はしっかりとリハビリも含めてやっていきたい」

「しないならしないに越したことはないと思いますし、それで自分の100パーセントが出せるなら、やらないほうがいいと思うんですけど、そうではないと思ったので。ここで一回、リハビリを含めてもう一度、一からやりたいと思っている」

もちろん手術回避の選択肢もあった。だが先を見据えれば、100パーセントが出せない状況になる可能性は避けるべきと判断したようだ。前向きなデータと周囲からの経験談も後押しした。

「かなり高い確率で、今またはそれ以上の状態になれるとは言われているので、そこをイメージしながらいきたいなと思ってますし、またしっかり、自分が思ったように投げられるのを想像しながらいきたいと思っています」

2018年9月25日、試合後の会見で
右肘の手術について話す

「いろんな人にはもちろん話も聞きましたし、そのなかで先を考えた時に一番いい方向に進んでいくタイミング、選択かなと思ったので、やろうと思いました。どれを選んでも、いい方向に進むと思っているので、そのなかの一つを選んだという形かなと思います」

当時、同僚にはトミー・ジョン手術の経験者が何人もいた。左腕アンドリュー・ヒーニー投手とは入団当時から仲が良く、同投手も２０１６年７月に手術。大谷の１年目、２０１８年シーズンから本格復帰していただけに心強いアドバイスになっただろう。

手術前よりも球速はアップ

また、大谷には他投手とは明らかに違うアドバンテージがあった。多くの投手がリハビリ中に試合に出られないことに対する精神面のつらさを挙げるが、大谷は打者で試合に出場することが可能だった。スイングに影響しない程度までリハビリが進めば、試合でプレーできる。何よりシーズンを戦うチームと関わることができるのは、心の支えになる。

「もちろん（新たな損傷が発覚して）残念な気持ちはありますけど、普通なら1年と半年は試合に出ることができないので、そのなかでまだ貢献できるもの（打者）があるということは、むしろプラスかなとは思っている。なんとかそこでチームに貢献できるように、また頑張っていきたい」

投手としては1シーズンを棒に振るタイミングでの手術だった。だが、大谷は打者として翌2019年5月上旬に復帰した。リハビリを続けながら打者で出場する。前例のない道だが、むしろ強みでもあった。

2020年7月26日の術後初登板では1死も取れずに降板するなど苦難も経験したが、結果的に大谷は投手として4年目の2021年に進化を遂げた。フォーシームの平均球速は手術前よりも上がった。「高い確率で、今またはそれ以上になれる」と信じ、その通りになった。

もちろん、右腕の強化だけがレベルアップにつながったのではない。下半身のトレーニングや日々の練習、積み重ねた経験も二刀流の進化へプラスになったはずだ。右肘の手術決断は、大谷の大きな転機の一つだった。

リハビリの舞台裏

リハビリの最初の段階から考えれば、だいぶやれることも増えているので。何事も面白いかなと思います

右肘のリハビリは長い道のりだった。打者で早期復帰できるとはいえ、体幹トレーニングや片手スイング、素振りなど地道な練習が続いた。リハビリを始めたばかりの頃、毎日のステップは微々たるものだった。２０１９年の春季キャンプは、そんな状況から始まった。

「素振りがあって、ティーバッティング、置きティーから始まって、軽く前から来たボールを打ったりとか、そういうスモールステップかなと思います」

100パーセントで投げられる、打てる状態での練習は誰でも楽しさを感じられるだろう。しかし、そういうわけにはいかないリハビリにおいては、早く復帰したい気持ちと、スケジュールに従って辛抱しなくてはいけない日々は、自分との戦いにも見えた。

「手術の部分もそうですけど、トレーニングをしててもあんまり問題ないですし、それこそ早く次のステップとか早い段階に行きたいなと自分では思うのが普通なので、そこを我慢しながらやりたい」

「なんでも楽しいですけどね」

アリゾナ州テンピのキャンプ地では、クラブハウスがある施設と隣接するウエートトレーニング場を行き来する日々が続いた。かたや同僚選手たちはフィールド上でウオーミングアップを始め、複数のグラウンドに移動して守備練習、打撃練習を行っている。大谷にとっても、もちろん我慢は多少なりともあったようだが、そこまでストレスを感じている様子でもなかった。

「長いリハビリは初めてなので。毎日、やれるメニューももちろん限られていますし、もどかしさもあるなかで、できるメニューも増えているので、そこは楽しいかなと思います」

「なんでも楽しいですけどね。やっているレベルが下がっているだけで、やれることがちょっとずつ増えていく毎日というのは。リハビリの最初の段階から考えれば、だいぶやれることも増えているので。何事も面白いかなと思います」

かつて、大谷はこんなことを言っていた。

「ちっちゃい頃から（野球を）始めてきて、そのままここまで来たという感じなので、本当にその環境をつくってもらった周りのおかげかなと」

人に恵まれ、二刀流を受け入れるプレー環境が整い、野球少年はメジャーリーガーになった。野球がうまくなりたい、試合に出たい――。見ている側にとっても、シンプルにそう感じられた。復帰に近づく一歩一歩は楽しい。そんな印象だった。

だが、意外な反応として記憶に残っているのは、右肘のリハビリ中、初めてキャッチボールを行った時のことだ。２０１９年3月8日、日米メディアがその姿を追いかけ、久々に大谷の周辺が騒々しくなった。短い距離で山なりのボールではあったが、目に見える大きなステップ。うれしさもあったにちがいないと思って見ていたが、本人にはまるでそんな素振りはなかった。その日の囲み取材での表情やコメントも、実に淡々としていた。

「とくに何もないですね。中（室内）では重りも使ってやっていたので、普通に投げられるだろうなとは思っていましたし、投げてみてその通り、普通にできたので、そういう安心感はありましたけど、とくに驚きとかはなかったかなと思います。普通にメニューのなかで、ボールを投げたという感じかなと思います」

2019年3月8日、室内の打撃練習場に向かう。右肘には手術の痕

練習と実戦は違う

今振り返れば、見ている側が過剰にエキサイトしていたのかもしれない。大谷本人は向いている意識の方向が違った。投手では翌年（２０２０年）からの復帰が見込まれていた。実戦へ照準を絞っていたのは打者のほう。投手としてのステップは、あくまで〝想定通り〟でしかなかった。

「ほとんど打者のほうに重点を置いてやってるので、投手としての復帰のプランというか見通しみたいなのは、正直あんまりしていないのかなと思います」

２０１９年6月26日、手術後、初めてブルペンで投球練習を行った時も、周囲ばかりがザワついたようだった。もっとも、大谷自身も気持ち的には変化が見られた。

「楽しかったですね。キャッチボールもやっぱりできない時期から比べたら楽しいですし、今日みたいにまた一段階上がってブルペンで投げるのも楽しいですし、そうやってちょっとずつ上がっていくのは、どの段階でも楽しいかなと思います」

だが、ブルペンで投げられるワクワク感や期待感を問われると、あっさり。

「それはあんまりないですね。練習なので。あくまでも練習ですし、考えるのはやっぱり今日、どうやって勝つかというところなので。練習と実戦は違うので、それはあんまりなかったかなと思います」

振り返って考えてみても、大谷の言葉や考え方は一貫していた。投手としてのリハビリは黙々と復帰プランに沿って進める。その間、大谷には打者でチームの勝利に貢献する役割があった。そこを理解せず、投手としてのリハビリの節目、節目で見る側が浮足立ってはいけなかった。

そう考えると、大谷にとって長かったリハビリがようやく報われたのは２０２１年4月26日だったのかもしれない。２０１８年5月20日以来、１０７２日ぶりの勝利。しかもリアル二刀流でつかんだ1勝だった。

「リハビリも長かったですけど、気持ちを切らすことなくやってこれたので、そこはトレーナー、手術してくれたお医者さんもそうですし、そこがすごく大きかったかなと思います」

たった1つの白星に過ぎない。だが、投打でチームに貢献できるレベルまで戻ってきたという意味では、大谷にとっては大きな白星だったことは間違いない。

イチローからのアドバイス

「見るだけでも勉強になるんですけど、実際に教えていただいて、すごく勉強になったかなと思います」

大谷は野球少年の頃からイチロー氏（現マリナーズ球団会長付特別補佐）のプレーを見て、憧れていた。イチロー氏への憧れは周知のことであり、今さら語ることでもないのかもしれない。ただ、少年のような無邪気な笑顔で互いがフィールド上でのやりとりを楽しんでいる姿を見ることができたのは、貴重な瞬間だった。

２０１８年５月４日、マリナーズの本拠地セーフコ・フィールド（現Tーモバイル・パーク）

で初めてプレーした大谷は、試合前に素直な感想を述べた。あの時の言葉は、何年経っても筆者の記憶に残る印象深いものだ。

「打席でもそうでしたけど、野球教室に来た小学生がすごく張り切っていいところを見せようという、そういう気持ちだった。勝ちたい気持ちにプラスして、そういうところがあるんじゃないかなと思うので、（先発マウンドで）まずは勝てるように、一人一人、頑張りたい」

いいところを見せたい相手はもちろんイチロー氏だった。試合前に対面し、挨拶しようとした瞬間に逃げられ、追いかけっこをした〝名場面〟も記憶に新しい。

「僕はずっとテレビでしか見てこなかったので、同じグラウンドにいるっていうのは変な感じはしました。対戦はなくなりましたけど、今日の打席でもそうですし、なんとかいいところを見せられるように頑張りたいなと思っていたので、試合も勝ててよかった」

思い通りのプレーができない

メジャー1年目の出来事だが、当時の言葉を並べるだけでも特別な感情が伝わってくる。

「やっぱり憧れている選手に、見てもらいたいというか、いいところを見てほしいのはどの選手もそうかなと思いますし、ずっと目標にして頑張ってきたところで、自分のいいところを出したいなと」

「ずっとテレビでの場所だったので、同じ左のバッターボックスに立てたというのもそうですけど、すごいきれいな球場で楽しんでプレーできた」

「光栄なことですし、僕のことについて話してくれるだけで僕はもうそれで満足なので、すごくうれしいなと思っています」

ワクワク感とともに、最初の打席では力んでいたことも明かした。球場の雰囲気からそうなったのか、それともイチロー氏の存在がそうさせたのか。

「どちらもあると思いますし、アメリカに来て一番力んでスイングしていたんじゃないかなと思います」

結局、大谷とイチロー氏の〝夢の対決〟が実現することはなかった。ただ、世代交代のタイミングが奇跡的に重なったことでパイオニアの魂は受け継がれた。大谷はイチロー氏の元に足を運び、直接アドバイスを受けたこともあった。

「キャンプの時、なかなかプレーのなかで思い通りいかなかった。精神的なこともそうですけど一番経験されていて、話を聞いてみたいなと思い、話をさせていただいた。それから気持ち的な面もそうですし、技術的にも進歩してシーズンに入ることができて感謝しています」

メジャー1年目、開幕前の出来事だった。憧れの存在に背中を押され、開幕から投打で大活躍。直接対決の機会こそなかったが、イチロー氏の存在はメジャーで二刀流を続ける大谷にとって欠かせなかったはずだ。

2018年5月4日、セーフコ・フィールドで行われる
試合前、イチロー（当時マリナーズ）に挨拶する

目標とされる選手に

イチロー氏が引退を表明した2019年3月21日、大谷はアリゾナ州テンピのキャンプ地で手術した右肘のリハビリを続けていた。日本と米国で時差もあったため、大谷がクラブハウスのある施設でコメントしたのは、イチロー氏の引退試合となったアスレチックス戦（東京ドーム）が終わった直後、米国では朝方だった。

「まだそんなに信じられていないので、本当に引退するのかなっていう感じですし、ご本人が会見でそういうことを口にするまでは実感というか、そういうのはないのかなと思います」

言葉通り、信じられないといった様子だった。その数時間後、イチロー氏が84分間にわたる引退会見を行った。改めて聞いた、大谷にとってのイチロー氏とは——。

「目標になるような存在ですし、それはこれからも変わらないと思うので。プレーする姿は見られないですけど、昔から見てきた、そういう選手像を目標にしてやるかなと思います」

「ご好意からアドバイスをいただいたので、こちらからお願いしましたけど、普通はアドバイスというのはなかなかしてもらえないのかなと。ありがたいなと思いますし、見るだけでも勉強になるんですけど、実際に教えていただいてすごく勉強になったかなと思います」

日本人レジェンド選手の功績をリスペクトし、二刀流で驚異的なパフォーマンスを見せてきた大谷は、いまやメジャーの顔となった。2021年7月、初めて球宴に選出された時には印象に残るオールスター戦について明かしている。

「やっぱりイチローさんが出てる試合かなとは思いますね。そこをメインにみんなやっぱり見ていたと思いますし、数多く映る場面が多かったので。ちょうど野球をやっていて、一番楽しい時期でもありますし」

憧れから夢を抱き、現実とする。大谷は当時13歳。それから9年後、イチロー氏の背中を追いかけ大谷も海を渡った。2021年、満票でリーグMVPを獲得した時、うれしそうに語った。

「イチローさんとかMVP獲った時に見ていましたし、そういう人たちを見てメジャーリーグに憧れるようになったので、そう思ってくれるようにまずは頑張りたい。そういう選手が出てきてくれるのも楽しみにしてますし、一緒にできる日が将来くるのも楽しみにしています」

第2章 不可能を可能にする

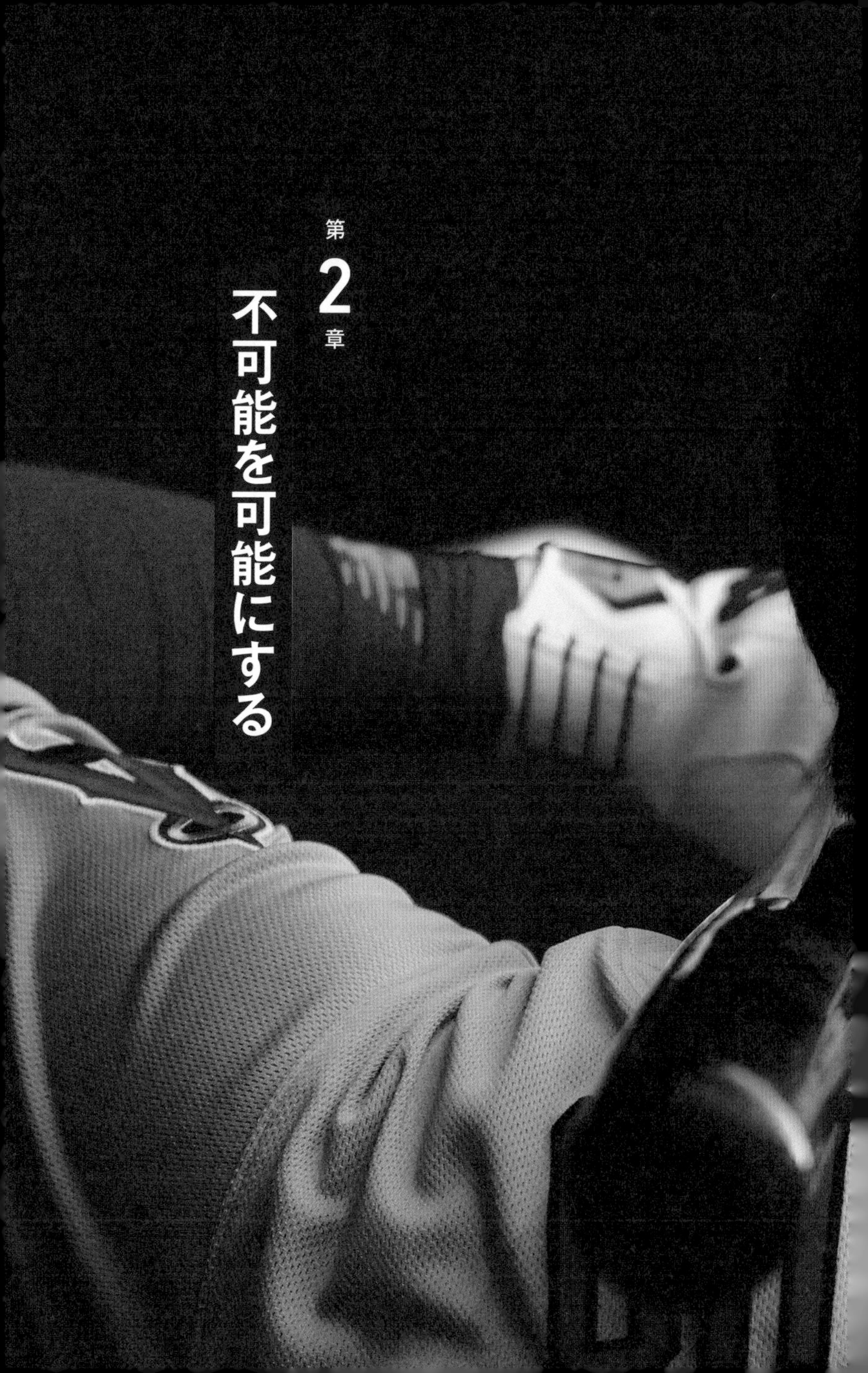

「こうなりたいなと思った目標に対して、やっぱり諦めきれない気持ちがそうさせてくれるのかなと」

囲み取材や記者会見での大谷は、沈着冷静な受け答えをすることがほとんどだ。もちろん笑ったり、冗談を言ったり、かと思えば素っ気ないことだってある。「宇宙人」と評されることさえある大谷翔平も20代の若者だ。試合の勝ち負けや個人のプレー内容、メディアの質問に感情が左右されることはある。そして時に、テンション高めのコメントをすることもある。平成から令和に元号が変わった頃の取材で、意気込みとして返ってきた言葉は思った以上に力強かった。

「野球人生を語るにはまだまだ序章なので、その前段階として、平成があったのかなと思うので。新しい元号になって、これからが本番だと思っているので、しっかり自分の力をもっともっと高くもっていけるように、そういう年に毎年したいなと思っています」

令和元年となる2019年はシーズン終盤に左膝手術を行い、悔しさを残した。翌2020年は右腕の故障が再発し、投打で自己ワーストの結果に終わった。しかし、2021年以降の3年間は二刀流でMVP級の活躍を続けている。自らの想定からは少し遅れたかもしれないが、言葉通りになっている。

〝ビッグマウス大谷〟

投打で大きな故障もなく、二刀流で毎年メジャートップレベルの活躍を継続していることは、大方の予想を超えていたはずだ。振り返ると、大谷はコメントでも我々の想像よりも〝一段上〟の言葉を発していたように思う。2019年シーズン、打者での復帰は5月と見込まれていた。それが首脳陣の想定スケジュールでもあった。だが、大谷はキャンプ中の3月にこう意気込みを語っていた。

「4月に向けて僕はやっているつもりですし、そこに向けて、結果的に5月になるというのは全然オッケーかなと思うので。こちら側としては一日でも早く戻りたいという気持ちをしっかり持って、練習することが大事かなと思います」

結果的には思い通りにはいかなかったが、コロナ禍で60試合に短縮された２０２０年シーズンに向けての言葉も力強かった。

「しっかり（投打で）１００の状態で貢献したいなと思ってますし、60試合なので最初から最後までしっかり飛ばしていきたい」

故障が続いていただけに、なおさら挽回したい気持ちもあったのかもしれない。２０２１年7月のオールスター、日本人初のホームランダービーに出場を表明した時もシンプルにだが、こう宣言した。

「もちろん、出場するからには（頂点を）目指したいと思います」

意気込みを示した時の言葉を並べてみると、あえて口にしているようにも筆者は感じる。２０２１年、本塁打を量産している時に語ったコメントにそのヒントが隠されているように思う。当時、日本人初の本塁打王のタイトルへ向けての心境を語った。

「ターゲットになる、ならないはないですけど、積み重ねてそうなれば一番いいと思いますし、高い目標にはしているので。（本塁打数は）20後半なので、もちろんホームラン王争いになってくれれば、40本、50本打たないといけないですし、まだ30本にいってない段階なので、１本、１本の積み重ねかなと思います」

この時、印象に残ったのは〝高い目標にはしている〟という言葉。令和に元号が変わった時も、

2019年3月10日、キャンプ地の米国アリゾナ州テンピで

〝もっと高く〟とコメントしていた。

目指すべき目標は高く——。それは個人だけでなくチームとしてもそうなのだろう。もちろん、有言実行とはいかないケースもある。だが、その場合はなぜできなかったのかを考え、克服していく。シンプルだが、大谷はこの作業を粘り強く繰り返した結果、最終的に言葉通りの形を引き寄せているように見える。

WBC優勝は少年の頃からの目標

2023年3月、侍ジャパンのWBC世界一奪回に貢献した後の記者会見でも、WBC優勝が長年の目標だったことを明かした。

「小さい頃からずっと夢見てきましたし、この大会で優勝するのを目標の一つにしてきたので。今思うと（戦った期間が）短かったなってすごく思うんですすけど、本当に素晴らしい先輩と素晴らしい後輩と、いいチームメートたちと野球ができたのは、今後の野球人生においても、素晴らしい経験になったんじゃないかなと思います」

前回大会の2017年は故障で出場が叶わなかった。6年後、コロナ禍で大会が2年延期になったことも重なり、大谷は投打で万全の状態でWBCに臨むことができた。掲げた目標に一度は届かなくても、いずれ達成する。大谷翔平に不可能という言葉はあるのか。そんな印象すら抱かせる。失敗が重なったとしても、大谷は何度でも立ち上がる。心を突き動かす、その原動力とは——。

「こうなりたいなと思った目標に対して、やっぱり諦めきれない気持ちがそうさせてくれるのかなと。日々の練習もそうですけど、やっぱり目標がそういう気持ちにさせてくれる」

壁にぶち当たる野球少年たちへのメッセージについて問われた時にも、目標の大切さを語っていた。

「小学校、中学校で伸び悩むということは正直ないかなと。それはもう心の持ちようかなというか、うまくなりたいという気持ちがあれば必ず伸びる時期なので。そう思うメンタリティのほうが、そっちのほうが問題かなと思うので。高い目標を持って、こうなりたいなと思う目標みたいなものを持っていれば、必ずよくなるかなと思います」

試合に出続ける覚悟

誰しもが痛みを抱えながらやっているとは思う

大谷はメジャーリーグに挑戦してからの3年間で2つの大きな故障に苦しんだ。右肘と左膝だ。2018年10月1日に右肘のトミー・ジョン手術を受け、左膝は2019年9月13日に二部膝蓋《しつがい》骨を除去する手術を受けた。左膝の時は前日の12日に突如、球団広報から手術発表のメールが一斉に各メディアに送信された。その前夜、大谷は弾丸ライナーの本塁打を右越えに放っていただけに、まさに青天の霹靂《へきれき》だった。

言葉や表情には出さなかったが、右肘と同様に左膝の早期手術を希望していた大谷も、突然の球団の決定には困惑したことだろう。

一試合も無駄にはしない

打者に専念していた2019年シーズン、大谷は左膝の痛みと戦い続けていた。2019年2月の春季キャンプ。選手が球団トレーナーから体のメンテナンスを受ける処置室で、大谷は左膝にサポーターを巻いていた。この頃から違和感があったのだろう。当時のビリー・エプラーGMもこの2月の時点で、痛みがあったことを認めている。

大谷はどんな気持ちで2019年シーズンを戦っていたのか。

「ある程度、痛みは続いていたので、やるならこのオフかなという感じでやってました。ポストシーズンに進めなかったので、その段階でチームのほうからこのタイミングでどうだという話をされたので、僕もそのほうがいいんじゃないかなと思ったので」

「痛かったり、痛くなかったりという感じかなと。すごくひどくなってきたという感覚もなかったですし、よくなったりもしますし、悪くなったりもするので、シーズン通して波があったかなと思います」

「シーズン通して160試合くらいあるので、それを痛みなく、全部こなすということのほうが珍しいのかなと思いますし、誰しもが痛みを抱えながらやっているとは思うので、そこはとくに何も言い訳にはならないかなと思いますね」

球団によれば、大谷本人に手術を勧めたのは9月10日の朝。翌日、互いに理解を示し、13日に手術を受けることが決まった。手術を勧められた翌9月11日のインディアンス（現ガーディアンズ）戦、大谷は第3打席で本塁打を放った。この試合が自身のシーズン最終試合になると理解しての出場だった。

「最後までいろいろ試しながらやっていましたね。裏の（打撃）ケージでも、次の打席はこうやっていこうかなとか、最後の最後までそういうふうにやっていました。何かいいものを見つけて、来シーズンに入りたいなという思いはあったかなと思います」

チームが残りシーズンを消化試合として戦うと判断したなかでの打席。モチベーションを保つのは難しかったかもしれない。それでも、今後の糧になる打席にしようとする努力は怠らなかった。

「左足の蹴り」が規格外の飛距離を生む

のちに大谷は自分の打撃において左膝がいかに重要だったのか、身をもって経験している。手術を受ける前は「加重のしにくさだったり、蹴りのしにくさはある」と話していた。筋力が戻り、

2019年9月11日、自身シーズン最後となる
試合で右越えに18号本塁打を放つ

下半身を強化して臨んだ2021年シーズンでは、キャンプから打ちまくった。手術明けの2020年シーズンは極度の不振に陥っていた。なぜ、ここまで劇的に変わったのか。

「やっぱり膝じゃないですかね。実際に去年（手術明けの2020年）やってみてわかりましたけど、かなり重要なところだなというのは感じてますし、逆にバッティングでしっかりそこを気をつければ、いい状態を保てるんじゃないかなと思います」

2020年シーズンには左膝のリハビリは終えていたが、負荷をかけるトレーニングができず、踏ん張りがきかなかった。

かつて大谷の打撃を間近で見てきた他球団のコーチの一人は、大谷の並外れた飛距離の秘密は「左足の蹴りの強さ」だと証言していた。膝がうまく使えなければ、飛距離は出ないというのだ。2019年シーズン18本塁打、2020年シーズン7本塁打という結果は、それを証明しているのかもしれない。

もちろん2021年シーズンの好結果は、スイング軌道やトレーニング方法の改善、工夫を重ねた練習などさまざまな要素があるだろうが、体重を後ろに残してフルスイングする形、わかりやすく言えば、ふんぞり返ったような大谷のスイングには、膝の強靭さが欠かせないようだ。膝の痛みと戦いながらプレーしていた2019年、完全に使い切れなかった2020年シーズンがあったからこそ、その重要性を再確認できたのではないだろうか。

当初、手術のタイミングで球団との相違はあったものの、最終的には好結果につながった。

やるからにはベストを尽くす。それを結果につなげる。誰もがそう考えるかもしれないが、それに対する人並み外れた気持ちの強さを大谷には感じる。今でもそれは変わらない。6年目の2023年シーズンは、前半戦途中から右手中指の爪やマメの状態がよくなかった。それでもローテーションを崩さずに投げ続けた。

「指先はそれだけ繊細ですし、そこの一つ、そこまでのプロセスがよくても、最後のひっかかりの部分で、すべてが台無しになってしまう、というのがピッチャーだと思うので。そのなかでもやらなければいけないっていうのは、シーズン回っていればそういうことももちろんある。これも経験かなと思います」

膝の痛みを抱えながら戦っていたシーズンのことを考えれば、投げ続けるのも理解できる。いつか、この経験が生きる——。たとえ状態が万全でなくとも、プレーする時は覚悟を決め、大谷はグラウンドに立っている。結果的に2023年8月下旬、右肘を故障する重傷を負ってしまった。だが、大谷は屈しない。二刀流でさらに強くなり、帰ってくるにちがいない。

「あまのじゃくなので（笑）。あまり偏りなくいきたいと思います」

大谷は日本時代を含め、プロのキャリアで一貫して投打の二刀流を継続している。日本ハム時代は5年、メジャーでは6年で合計11年に及ぶ。筆者は日本ハムでの取材経験はなく、二刀流ロードを追いかけているのは大谷がメジャーリーグに挑戦してからのことだ。想像を超えるプレーを間近で見て驚くのはもちろん、その時々の考え方に触れられることも新鮮で興味深い。

２０１９年のシーズンオフのことだが、対面インタビューができたことは貴重な経験だった。

等身大の大谷翔平を少しではあるが感じ取ることができた30分間だった。

30分間の独占インタビュー

まず、色紙へのサインとともに座右の銘も記してもらえないか頼んだ。すると、すぐに「ないです」と返事が返ってきた。自分の信念として軸になる言葉はないのだろうかという疑問からだったのだが、大谷の答えは以下のようなものだった。

「ないですね。それが座右の銘ですとか。やっぱり座右の銘も、そういう言葉があれば、また逆の言葉もある。対義語ではないですけど、そういう言葉もあるので、そっちだけをフォーカスして捉えていくと、別の捉え方ができなくなったり。本も、例えばトレーニングの本があったら、まったく違うトレーニングもそれとまったく逆のことも（ある）。栄養学もそうですけど、こういうダイエットがいいですよ、というのがあれば、そのダイエットはダメですよ、という本もあるので、どっちも読む必要があって、それを理解した上で自分がどっちに行くかが大事なので、どっちかだけを読んでいいなと思って、それだけに行くのはちょっと危険かなと思いますね。なので、いっぱいいろんな本を読んだほうが、自分で決めるのもうまくなるし、大事かなと思いますね」

人は迷った時、自信を失った時、尊敬する人の言葉や格言に頼ることも少なくない。それらが背中を押し、再び立ち上がるきっかけになるかもしれない。大谷にそういうことはないのだろうか。

「自分が大事だと思っている言葉があるのは素晴らしいことだと思います。僕はそういうタイプではないというだけで。それ（座右の銘や名言）がいいと思っている人にとってはベストかもしれない。僕はそれだともったいないかなと思ってしまうタイプで、やらないというだけで。それ（信じること）はそれで、いいことだと思いますね」

当時、大谷は25歳。情報化が進む社会で多様な考え方を学び、その上で自分の進む道を決断する。若いのにと言ったら失礼だが、成熟した識者のようだと感じた。子どもの頃から培った考えなのか、それとも教育の過程で学んだ教訓なのか。聞くと、ニヤリと笑いながら端的な答えが返ってきた。

「あまのじゃくなので（笑）。あまり偏りなくいきたいと思いますけど」

二刀流の知られざるメリット

受け取る側の勝手な感想ではあるのだが、二刀流でプレーするには物事を捉えるにもバランス感覚が不可欠だと感じられた。常識だけにこだわらず、別の考えがあってもいい――。だからこそ、大谷は我々の常識を何度も覆すことができたのだろう。このバランス感覚は技術面にもあて

2019年2月、スプリングトレーニング中にメディア対応

はまるようだ。右肘のリハビリのため打者のみの出場だった2019年、1つだけに集中したことで、新たな発見があった。

「2つやる年と比べて、バッターとしていろいろ試したり、やってみたりがあった。それがよい方向にいったり、悪い方向にいったり、やり過ぎたのもありましたけど、いつもの年よりこれがよかった、悪かったというのが多かったと思います。収穫としては量が多かった」

「調子が悪い、打てない時期というのに対しても慣れちゃうし、それは2つやっていた時はなかった。週に1回くらい投げるので。そこで、ある程度バッターとしてのスイッチも切るし、バッターとしてやっている時は、バッターとして必要なことをやって、ピッチャーに切り替える時は切り替えてまたバッターに入って、という感じだったので。バッターだけやっている今年はいらないことにも慣れるし、というのはあった」

　投手と打者でマインドは切り替わる。それが二刀流の好循環を生み出しているようだ。だが、打者専念の時はその「切り替え」がなく、試行錯誤の〝やり過ぎ〟につながった。

「投手を挟むと、次に打者で出る時にちゃんと何を直せばいいかがわかったり、あるんですけど、出続けると（打撃面で）余計なことをしたりというのが多くなってしまう」

「基本的に失敗に余計なものはないですけど、アプローチを変えて違う失敗が、（結果的に）同じ失敗だったりとか、そういうのは2つやってた時にはなかった。これは別にいらないなという失敗もあった」

投手あってこその打者・大谷。逆もしかり。一人の野球選手なのだが、二刀流で互いを支え合っているように感じた。

たとえ登板した試合で打たれても、打者で挽回できる。打者で打てなくても、投手で力投すれば勝てる。投打の同時出場、リアル二刀流で出場する時は相乗効果も生まれる。

「もちろん、自分で打ったほうが得点が入った時に、もっとアグレッシブにマウンドでも攻めていけるかなと。守りに入ることなく、常にマウンドでもいけるのかなとは個人的には思ってます」

こんなコメントができるのは現代のメジャーリーグでただ一人、大谷しかいない。

「構え」の重要性

8割5分ぐらいは構えで（勝負は）決まってるぐらいの感じではいる

大谷が打撃で最も重視する点として、繰り返し口にするのが「構え」だ。二天一流の奥義を説いた宮本武蔵の著書『五輪書』にも、構えの心得が記されている。だからというわけではないだろうが、大谷は野球少年の頃からしっかり両足のスタンスを確認するなど、打席に入る時にある程度、時間をかけていたという。そして構えた時に対峙する投手の見え方。これはメジャーに入ってからも一貫して掲げている意識だ。

繰り返し語る「構え」への意識

左膝の手術前、自身が出場するシーズン最後の試合（2019年9月11日）で右越えにライナーで本塁打を放ち、試合後に大谷は「勝手にいいスイングができる構えだった」と振り返った。新型コロナが流行する前、2020年の春季キャンプでは実戦形式の打席後に構えについて語っている。

「構えている段階のピッチャーの見え方はよかった」

「だいたい構えで（勝負は）決まるかなと思っているので、そういう意味ではよかったですね」

「構えている段階でしっかり打てそうな雰囲気ありましたし、インパクトら辺までは、ホームランいけるんじゃないかなぐらいの感じだった」

「全体的なバランスが大事だと思ってるので、一番はやっぱり構えですかね。始まる段階で、どうやってピッチャーを捉えてるかによって、そのあとは変わってきますし、そこさえできていればあとはちょっとしたところ」

意識する点を繰り返し口にした。投手がボールを投げる前に、構えで打てる雰囲気まで感じることさえあるというのだ。一方で2020年9月4日、メジャーで自身初のサヨナラ打後には、構えを安定させる難しさも明かした。

「技術面でいうなら、立ち方、まずは構え。そこから始まると思うので、簡単かなと見えると思うんですけど、同じように毎回、毎回、立っていくというのも難しい」

試合では自分一人が打席に立つわけではない。他の選手が踏み場をつくるため、毎回同じように足場が平たんなわけではない。視界も球場ごとにバッターズアイは異なる。中堅後方の景色は、エンゼルスタジアムのように緑の木々が植えられている場合もあれば、バックスクリーンだけの場合もあり、さまざまだ。見え方が違えば、立ち位置もわずかにズレが生じる可能性がある。あらゆる球場で同じように打席に立ち続けるには、たしかに繊細な感覚が必要なのだろう。

2020年シーズンには、1週間、先発メンバーから外れていたことがあった。その間、最も意識して取り組んでいたのも「構え」だった。

「一番は構えですね。構えている時の全体の見え方、そこを一番、取り組みました」

2021年の春季キャンプは絶好調。オープン戦では自己最高の成績を残した。手応えを口にする点は一貫して変わらなかった。

「構えに入る前にピッチャーをいい角度で見えているなら、構えたときにも同じように見えて、踏み込んだときにも同じように見えるので、構えに入る前からしっかり、そういう角度で見えてるときは比較的よいのかなと思います」

「構えが一番大事だと思っているので。バッティングに関しては、そこかなと思いますね。動き出しにつながるところなので、まずはしっかり構えてどういうふうに見えているかが、一番大事

2020年2月、キャンプ中も打撃
フォームのチェックに余念がない

かなと思います」

ピッチングも「入り」が肝心

2022年5月9日、レイズ戦で左腕ビークスの内角寄りのスライダーを左中間へ運んだ。飛距離は124メートル。右へ引っ張るようなコースのボールを左へ。それが長打、しかも本塁打になる。技術的にどういうイメージでバットを振ったのか。この時に返ってきた答えも、構えについてだった。

「構えがしっかりした方向で力が伝わってないと、いい軌道に入っていかないですし、同じように打ってても、最初の構えの時点で間違ったほうに進んでると、いい動きをしても、いい結果につながらないものかなと思うので」

「8割5分ぐらい構えで（勝負は）決まってるぐらいの感じではいるので。ピッチングもそうですけど、やっぱりどういうイメージで打席に立っているかが一番大事」

投手に関しても同じことが言えるのか――。それを示唆するような言葉があった。2023年シーズンの6月、マウンド上で感じる「投げ心地」のよさを繰り返し口にしていた。投げ心地とは、何がよければそう感じるのか。大谷は独特な感覚を明かした。

「セットの段階で、例えば2ストライク追い込んだ後に、これで三振を取れるようなイメージが湧きやすかったり。それは打席でも同じですけど、（ボールへの）指のかかりがよかったりとか、変化の仕方が自分の思った通り、ロケーション（投げるコースや高さ）も含めて投げられる傾向が多いのは、それはいい動きのほうが強いと思うので。セットの段階で今日はよかったと思いますね。狙ってたところに行きそうな雰囲気はあったかなと思います」

大谷はまずプレートに右足をかけ、セットポジションで投球モーションに入る。その段階で、いいイメージが湧くかどうか。打者と投手、表裏一体の二刀流。どちらも最初の入りが肝心なのだろう。この「投げ心地」に関しては、別項で詳述したい。

思えば、大谷はフィールドを歩きながら突然ピタリと立ち止まり、シャドーピッチングを始めることもあった。クラブハウスでは、打撃の構えを確認する姿を何度も目撃した。道を究める奥義は、初動を支える構えにあり——。

苦悩のシーズンを経験して

「楽しむためには自分のパフォーマンスを出せる状態、っていうのが一番かなと思います」

記録的には「空白の1年」と言っていいかもしれない。

メジャー3年目の2020年。コロナ禍でシーズン開幕が7月末に変更され、大幅に遅れた。さらに感染拡大を防止するため無観客で開催された。大谷は同年、投打でワーストの結果に終わった。

本拠地アナハイムの球場に立ち入りできる記者席も1カ所に制限された。取材場所は一塁側後方の4階席。フィールドまでかなり距離があり、間近で見ることはできなかったが、どこか楽しめない大谷の姿は遠くからでも感じ取れた。当然、結果が出ていなかったことが大きいが、右腕の故障再発やメンタル面のコントロールにも苦しんでいるようだった。当時の言葉が、それを物語っていた。

「楽しむも何も、楽しむためにはやっぱり自分のパフォーマンスを出せる状態、っていうのが一番かなと思います」

自分の映像は何千回と見てきた

同年はわずか2試合の登板に終わった。登板間の調整で首をかしげ、天を仰ぐことを何度も目にした。キャッチボールを終えても納得がいかない様子で、再びキャッチボールを始めることもあった。登板日の試合前調整では、ステップして勢いをつけながら投げたボールが高めに大きく抜けて暴投となることもあった。感覚がしっくりきていなかったのは明らかだった。

1〜2メートルの壁当てを水原一平通訳に横から撮影してもらい、フォームを繰り返し確認する姿もあった。高校時代から頭で描くイメージと映像による客観的な分析は、繰り返し継続してきたという。だからその行動自体は特別珍しいことではない。ただ、間違いなく感覚の違和感はあったようだ。

「全体的な投球モーション的に大胆さがないなという感じの印象は投げている時から受けていたので、それは見た感じもその通りだったかなと。僕はもう自分の映像とか、何千回と見てきているので、違いとかっていうのは言葉にはしづらいですけど、しっくりきてないというのはあるかなと思いますね」

フィールド上でここまで悩み、苦しんでいる姿を見たのは初めてだった。コミュニケーションを密にとっていた当時のジョー・マドン監督からもメンタル面で助言を受けたという。

「ピッチングとかではなくて、全体的にもっと楽しんでというか、試合でもっと自由にやってほしいと言われました」

結果が出ず、もどかしい気持ちもあっただろう。大スランプをどう受け止めていたのか。

「心地のいいものではないですけどね、ただ、そういう時期もあるのかなとも思うので。ただ、偶然そうなっているわけではなくて、技術でそうなってるだけなので、そこは改善していくしかないのかなとは思います」

今となっては考えられないことだが、先発メンバーから外れることが約1週間続くこともあった。早出の特打でフリー打撃を行い、マドン監督の熱血指導を受ける姿も見られた。基本的には右足のヒールダウン（かかとを上げる形）でタイミングをとっていたが、日本時代の打撃フォームに回帰し、レッグキック（右足を上げる形）を取り入れることもあった。試してはやめの繰り返しで、不振から必死に抜け出そうとしていた。そこに、メンタルも追い打ちをかけた。

2020年8月2日、右肘手術後2度目の登板。四球に天を仰ぐ

「練習の一貫でやってみたらどうだとか、早出でやってみたらどうだとか、いろいろしてもらっているなかで、打ちたい打ちたいというか、打たないと申し訳ないという。そういう気持ちは去年よりだいぶ（ある）。いいところで打たせてもらってますし、ずっと使ってもらっているので、そういう気持ちというのは1年目、2年目よりは強い」

センス・オブ・ユーモアを忘れない

意欲とは裏腹に結果が出ない。楽しめるほどのパフォーマンスが思うようにできない。見ている側にとってもつらい、そんな1年だった。ただ時折、オンラインによる質疑応答が行われていた画面上で大笑いすることもあった。

右肘のトミー・ジョン手術から復帰2戦目、2020年8月2日の登板前日に意気込みを一言で表現した。

「1死を取りたいです」

前回登板では1死も取れずに降板した。それを自虐的に捉え、笑わせた。

米国人記者からは日本での人気度を唐突に問われ、ニヤリと返答した。

「そんなに人気ないですよ。アハハハハ」

冷静な受け答えのなかでも冗談を交える。その基本的な姿勢が大きく変わることはなかった。

だが、所々で苦しむ姿が垣間見えたことも確かだ。今となっては、その経験が大躍進へのきっかけとなったのかもしれない。

「3年間やってきて、どういうふうに1年間やればいいのかなっていうのを知れたっていうのはすごく大きかった」

続く2021年は、伝説のシーズンとなった。

「より多く試合に出られたというのは単純に楽しかったですし、それだけ試合に貢献できる頻度が高いということは選手としてもやりがいがあると思うので、そうですね、すごい楽しい1年だった」

石の上にも3年ではないが、もがいてきた経験があったからこそ、乗り越えた時の充実感がより一層、際立っていた。

二刀流への覚悟

「ここまで頑張ってきましたし、もっともっと高くいけると思っているので、まだまだ頑張りたいなと思っています」

メジャーでの二刀流継続に懐疑的な目を向けられたことが2度ある。1度目は1年目のシーズン開幕前、2度目は3年目を終えた後だ。ただ文脈は違った。

1度目は主に技術面に対する懸念で「打撃は高校生レベル」などと酷評されたが、開幕してすぐに投打でトップレベルの才能を示した。米メディアの大半が、打撃面での能力の高さは予想以上だったことを認めた。

２０２０年の3年目シーズンを終えた時、懐疑論は「シーズンを通して、ケガなく二刀流ができるのかどうか」に変わった。メジャー挑戦前の２０１７年から3年連続で手術を経験し、２０２０年シーズンは短縮60試合のなかで故障が再発した。４年目は二刀流を今後も継続できるかどうか、瀬戸際のシーズンだった。

ＭＶＰ受賞でも満足していない

大谷自身には、その声に対する「覚悟」はあったのか。当時の言葉を並べると、必ずしもそうではなかった。むしろ、「1年1年の積み重ね」のなかに4年目もあると認識していた。４年目となる２０２１年シーズンのキャンプイン初日、二刀流でプレーする自信と、投打で結果を求められることに対するプレッシャーについて問われた。

「特別にすごくというのはないですけど、１年目ももちろん、どこまでできるかもわからなかったのでプレッシャーというのはなかったですね。楽しみのほうが高かったですけどね。結果はついてくるものしかないので、そこは頑張る以外どうにもできないですけど、その頑張りで使いたいなと思ってもらえるように、１年１年やるしかないかなと思います」

２０２１年4月26日、１０７２日ぶりに白星を飾った。二刀流で見返したいという気概はあったのか、覚悟を問う質問には淡々と答えた。

「あんまりそういうのはないですかね。もちろんいい試合もあれば、悪い試合もあるので、その1試合の捉え方で、（二刀流で十分なパフォーマンスが）できた、できないというわけではないと思うので」

「1試合で何かが変わるということはないので。何事も積み重ねですし。1試合1試合、ショウヘイが出ているゲームはなんとか勝ちになる試合が多いなって思ってもらえるように、そういう仕事が1打席、1イニングでもできるようにやっていきたい」

周囲の見方とは違い、大谷には背水の陣のような切羽詰まった意識はなかった。二刀流に対する考え方もさほど変わらなかったことを、2021年シーズン終了後の帰国会見で明かしている。

「考え方を変えるということはないですね。ただ、ケガも続いてましたし、去年（2020年）もいいシーズンとは言えるシーズンじゃなかった。この先、多くのチャンスをもらえる立場ではないなというのが一つ、大きく違うところかなと思うんですけど、そんなにメンタル的に変えたところはないですかね。ただ、試合に出ていれば勝ちたいなと思うのが普通ですし、チーム的に苦しい状態が続いていたので、より勝ちたいなという気持ちは毎年、毎年、高くなってきているかなと思います」

この時の言葉でわかるのは、結果を出さなければ二刀流で出場できるチャンスが少なくなると感じていたことだ。実際に前年の2020年シーズンは投打で不振に陥り、スタメン落ちも経験した。ただ、危機感というよりは二刀流でもっと自分を高めたい、そういう気持ちが強かったよ

2021年4月26日、「2番・投手」で先発し1072日ぶりの白星。二刀流が完全復活

うに思う。同日の会見でのとてもシンプルなコメントが印象に残る。

「ここまで頑張ってきましたし、もっともっと高くいけると思っているので、まだまだ頑張りたいなと思っています」

「挑戦者」を称賛する米国文化

満票でリーグMVPを獲得した時の会見でも、2021年シーズンの結果が芳しくなければ二刀流が最後になるかもしれないというプレッシャーがあったかどうか、再び問われた。

「どうなんですかね。ここまでその100パーセント歓迎されているという雰囲気はプロに入ってからもずっとなかったので、常にそういう批判的なことはありましたけど、自分がここで頑張りたいなと思ってやってきたので、反骨心みたいなのは正直なかったですし、本当に純粋に自分がどこまでうまくなれるのかなっていうのを頑張れたところが、よかったのかなと思います」

アメリカで仕事をするようになって感じたことがある。ここでは多くの人がチャレンジ精神を好み、チャレンジする人を応援する気概にあふれている。そして、成功した人に対しては手放しで褒め称える。批判的、懐疑的な目から一転、大絶賛することも少なくないのだが。悪く言えば手のひら返しのお調子者とも言えるが、どんな属性の人であれ、挑戦者のサクセスには純粋に喜び、感激し、彼らをリスペクトする感情表現は見ていて実に気持ちがいい。

大谷も米国文化の純粋さ、懐の深さを感じていたのかもしれない。

「(二刀流を)やるにあたって、やっぱりアメリカのほうが、もちろん懐疑的な声はありましたけど、受け入れてくれる器というか、そういうのは広いなと感じたので。どちらかというと日本の1年目のほうが、なんというか幅としては狭かったかなという印象が強いので、今は何も気にすることなく、もう自分が結果を出すだけなので。そういう意味では変わったかもしれないですけど、とくに大きく何かを変えるということはなかったと思います」

大谷は日本のファンに支えられ二刀流の礎を築き、感謝の気持ちも示している。そして米国のファンからも後押しされ、懐疑的な目に左右されることなくチャレンジ精神を貫いてきた。自身の信念はもちろん、チャレンジ精神を尊ぶファンの応援も重なり、世界一の二刀流へ進化を遂げた。

大谷翔平の「仕事論」

僕は頑張りたいなと思っていることを頑張るだけなので、あまり仕事だという感覚ではない

プロ野球選手やメジャーリーガーは、シーズン中であればほぼ毎日、球場に来て練習し、試合に臨む。それが仕事でもある。大谷は投打の両方でそれをこなしている。大谷自身が「仕事」という言葉を取材時に使うことは多いのだが、かつて何度か、仕事をしている感覚ではないとも発言している。最初は1年目のシーズン最終戦でのことだった。試合後、ある日本人記者からの質問の流れで、こう問われたことがある。

「仕事をしているようには見えないのですが……」

大谷は「フフッ」と笑いながら、こう答えた。

「失礼ですね（笑）。いや、本当にそんな感じですね。ちっちゃい頃から始めてきて、そのままここまで来たという感じなので。本当にその環境をつくってくれた周りのおかげかなと」

大谷翔平にとっての「仕事」とは？

楽しそうに野球をする姿は見る者を魅了する。先入観や常識を覆し、挑戦を続ける生きざまがファンにエネルギーを与える――。ただ、本人の意識はそこまで肩肘を張ったものではない。シンプルに野球がうまくなるために努力し、チームの勝利に貢献するにはどうすればいいのか。ひたすらそこに重きを置いているように見える。

例えば、先頭打者で塁に出ること、得点圏で安打を放つこと、先発投手として長い回を投げること。いずれも「仕事」と大谷は表現する。野球選手は夢や勇気を与える職業ともいわれるが、大谷には独自の考え方がある。

エンゼルスの本拠地・アナハイム在住の一人のファンが、二刀流でベストを尽くし、挑戦を続ける大谷のエネルギーに感銘を受けていた。この話題を振られた大谷は、必ずしも自分自身はファンの気持ちを考えてプレーしているわけではないと明かした。

「それは受け取る人の感覚というか、僕は頑張りたいなと思っていることを頑張るだけなので、あまり仕事だという感覚ではないですし、ただ、自分が頑張りたいなと思っている分野のことなので」

淡々としているようにも思えたが、真意は別にあった。2021年11月、日本記者クラブで会見を行った際、子どもたちへのメッセージを問われてこう答えている。

「プレーする側としては、（ファンに）夢を与えようとか、元気を与えようみたいなものはまったく考えていないので。そう受け取ってもらえたらうれしいなと思って毎日、頑張ってますし、そう受け取ってくれるのは、その人がそういう感覚を持っているからなので、そういう純粋な感覚があるなら、それはそれで素晴らしいことですし。野球をやっている子はとくにうまい選手を目標に頑張ると思うので、僕自身がやっぱりそれに値するようなというか、目指されても問題ないような人間として今後、頑張っていきたいなと思ってますし、そうなるように子どもたちも応援してます」

言葉で激励することもあるが、それよりも試合に集中し、投打で全力プレーに徹する。その結果、子どもたちが憧れ、目指すべき選手になれればいいというスタンス。それは大谷自身が少年時代、そんな選手たちを目標にしてきたからだろう。

2021年シーズンは投手で9勝、打者で46本塁打、100打点とメジャー4年目で二刀流全開の成績。ア・リーグMPVを初受賞し、日本記者クラブで記者会見（同年11月15日）

「憧れ」からすべてが始まる

ＷＢＣでは二刀流で侍ジャパンを牽引し、３大会ぶりの世界一奪還に貢献した。大会後の会見では、次世代を担う選手たちに向けての思いを語った。

「僕自身（ＷＢＣで日本の）優勝を見てきて、こういうふうになりたいと思ってきたし、そうなることができて素晴らしい経験をさせてもらった。今野球を楽しんでいる次の世代の子たちが僕らも頑張りたいと思ってくれたら、それは本当に幸せだなと思います」

ＷＢＣでは第１回と第２回大会で侍ジャパンが連覇。当時、野球少年だった大谷はイチロー氏（現マリナーズ球団会長付特別補佐）やダルビッシュ有（現パドレス）ら、日本を代表するスター選手たちの活躍を目の当たりにし憧れた。

「小さい頃からずっと夢見てきましたし、この大会で優勝するっていうのを目標の一つにしてきた」

自分の目で見て、感じて、夢を抱き、目標とした。

周囲の人の意見によって自分のやりたいことを決めることはない。それは、最終的には自分で決めるもの。強い者に憧れ、それを目指す——。そして世代をつなぐ思いは、日本の野球少年だけに限らない。世界的にも影響力のある大谷はＷＢＣ期間中、他国から最も注目される存在だった。

「台湾だったり韓国だったり、今回は残念ながら予選で負けてしまったと思うんですけど、僕らが勝っていって優勝することによって『次は自分たちだ』と、そういう気持ちになるんじゃないかなと思いますし。その2カ国だけじゃなく中国もそうですし、まだまだ可能性があると思いますし、そのためにも、やっぱり勝ちっていうのは大事かなと思います」

「日本だけじゃなくて韓国もそうですし、台湾も中国も、その他の国も、もっと野球を大好きになってもらえるように。その一歩として優勝できたことがよかったし、そうなってくれることを願ってます」

人は誰かに憧れる気持ちから努力を重ね、強くなる。そして目標や夢を掲げる。他人に言われて抱いたり、設定したりするものではない。また、人を感動させるために大谷は野球をやっているわけでもない。とにかく懸命にプレーし、諦めることなく勝利を目指す。その姿を見た人がどう感じるか。感動を押し付けることは、大谷にとって「仕事」でも「使命」でもないのだ。

自分の感性を信じる

投げている感覚、そこが一番かなと思います

150メートル超の特大弾を放ち、100マイル（約161キロ）のストレートを投げる。投打で「超一流」レベルの二刀流であることが、大谷翔平の最大の魅力だ。そのすごさは史上初の記録や歴史的な快挙を次々と達成していることからもわかる。しかし、数字では測れない「感覚」こそ、選手にとっては好不調のバロメーターとなる。大谷はピッチングでの調子の良し悪しを表現する際に、「投げ心地」というフレーズをよく使う。

「心地よい感覚」のことを言っているのだろうとさらっと流してしまいそうになるのだが、実は奥が深い。2020年、大谷は2試合の登板で0勝1敗、防御率37・80という自己ワーストの結果に終わった。右肘のトミー・ジョン手術から完全復活して1年目。復帰後初登板では1死も取れずに交代する痛々しい姿を目撃することになった。その2020年シーズン終了後の個別インタビューで、マウンド上での「感覚」を明かしたことがある。

「変化球がどう、まっすぐが悪かったとか、カットしているとかということではなくて、メカニックも含めた投げ心地がよくないなと。その一点なので、その一点さえよくなれば、こういう結果にはならないだろうなというだけなので。あんまり今シーズンの2試合のなかで、1イニング目がこうで、2イニング目がこうで、だからダメだったとか、そういうことではなくて、トータルで言えることはそういうこと」

「メカニックとフィジカルの2点が噛み合えば、投げ心地がよくて、最小の力でしっかりいいボールが投げられるんですけど、よくない時というのは力感を出して投げる傾向になるので、力を入れている割には球がいってないなという感覚になるのかなと。効率が悪くなってくる」

メカニックとフィジカルのバランス

メカニックとは投球フォームにおける一連の動作のこと。フィジカル、つまり身体的な強さにフォームが追いついていかない。その逆もしかりで、この2つのバランスが合致しなかったようだ。

4年目からはこの2つが徐々に噛み合うようになった。2021年シーズン開幕当初、直球の球威は戻ったが制球に苦しんだ。「肘のなじみ方もいい。投げている感覚、そこが一番かなと思います。メカニック的なところもありますけど、一番はそこ」。右肘の手術から明けて3年目、フィジカルは安定していた。投球フォームの再現性が課題として残っていたが、それ以上に「感覚」を重要視していた。

同シーズンの後半から投手成績は好調を取り戻し、翌2022年シーズンは15勝9敗、防御率2・33。2023年シーズンは開幕1カ月で4勝0敗の成績をあげ、サイ・ヤング賞獲得も夢ではないと周囲が色めき立つほどだった。しかし、スイーパーやスライダー、カットボールなどの球種を自在に操り「完成形」に近づいたと思った矢先、右手中指の爪やマメに異常が出始めた。二刀流で体を酷使するなか、フィジカルを万全の状態に保つのは至難の業だろう。

大谷はそんな過酷な状況のなか、各球種の精度や体の状態と相談しながら登板ごとに攻め方を変えてきた。改善や工夫が続くなか、投げ心地のよさを繰り返し口にしたことがある。2023年6月21日のドジャース戦、直球の割合が49パーセントとこれまでに比べて極端に多くなっていた。

「投げ心地は今日のほうが断トツでよかった。投げ心地がよかったので、まっすぐを多めに投げ

2023年6月21日、「投げ心地がよかった」と
語ったドジャース戦。7回を投げて被安打5、
失点1、12個の三振を奪うも負け投手に

たという感じです」

狙ったところに行きそうな「雰囲気」

直球の走りがよかったのか、制球力がよかったのか。具体的には不明だった。むしろ、投げ心地とはなんなのか、改めて疑問が湧いた。その答えを聞くと、こう返ってきた。

「セット（ポジション）の段階で、例えば2ストライク追い込んだ後に、これで三振を取れるようなイメージが湧きやすかったり。それは打席でも同じですけど（ボールへの）指のかかりがよかったりとか、変化の仕方が自分の思った通りロケーション（投げるコースや高さ）も含めて投げられる傾向が多いのは、それはいい動きのほうが強いと思うので。セットの段階で今日はよかったと思いますね。狙ってたところに行きそうな雰囲気はあったかなと思います」

大谷は基本的にセットポジションから投球モーションに入るが、その準備段階でいいボールが投げられる感覚があったというのだ。これは、すでに紹介した打者でのマインドと同じだ。つまり、打者の時は「構え」でほとんどの勝負が決まると考えている大谷は、投手でもマウンドのプレートに立った時に、自身でしかわからない「雰囲気」があるのだろう。数字には表れない大谷独自の感覚だ。

考え方や思考法に偏りをなくすバランス感覚をベースに、二刀流の大谷は自分の進むべき道を決めてきた。調整法やフィジカルとメカニックの噛み合いもしかり。もはや大谷にしかわからない感覚がある。それはプロ入りから10年以上、アマチュア時代から数えれば20年以上にわたって培ってきた「自分らしさ」でもあるのだろう。投げ心地という言葉ひとつとっても、そこには大谷独自の深い世界観がある。

MVP獲得でわかったこと

「モチベーションにはなりますね。そういう形になるかならないか、プレーヤーとしては違いは出てくるかなと思うので」

MVPは、全米野球記者協会（BBWAA）の投票によって決まる。1931年から90年以上続いている歴史ある栄誉だ。大谷は2021年に、日本人では初となる満票でア・リーグMVPを初受賞した。発表された瞬間は笑顔というより、充実感や安堵感に満ちた表情のように見えた。

「すごくうれしいですし、まずは投票してくれたBBWAAの記者のみなさんと、監督、コーチ、ファンのみなさん、トレーナーと手術をしてくれたお医者さん、支えてくれたみなさんに感謝しています」

「獲ること自体も初めてなので、それも特別ですし、なおかつ1位にみなさん入れてくれたというのが、本当にすごくうれしくて。また来年以降、頑張ろうという気持ちに、さらにさせてくれたと思います」

「満票だったのでちょっとびっくりというか、よかったなぁっていう、そういう気持ちのほうが強い」

喜びのコメントが続いた。満票の価値を噛みしめ、大谷のモチベーションはさらに高くなっていた。自身の野球人生にとってＭＶＰ受賞が持つ意味とは——。

「満票で獲れたのは本当にうれしいですし、ケガとかもいろいろあったので、順調にきていたわけではなかったですけど、そのなかでいろんな人に助けてもらって27歳で獲れたので、選手としてここからピークを迎える5～7年ぐらいは、もっともっと勝負の年じゃないかなと思う。もっともっと頑張れるように、日々頑張りたいなと思ってます」

活躍を継続することが一番大事

シーズン中の早い段階で、ファンからはすでにＭＶＰコールが響いていた。大谷は意識していたのだろうか。

「獲りたいなとはもちろん思っていましたけど、日本で最初（二刀流を）やるってなった時よりは、アメリカに来た時、受け入れてくれる雰囲気があったので、それは感謝しています。アメリカ全体のファンの人だったりとか、チームだったりとか、そこはもう感謝してますね」

同年は、敵地でも歓迎されることが劇的に増えた。本拠地だろうが、どこだろうが関係なく、大勢のファンが二刀流を称賛する姿は大谷にしっかりと届いていた。歴史的なシーズンとなった2021年。二刀流の地位を確立し、メジャーリーグの顔となった。さらに期待が高まるなかで迎えた、翌2022年のキャンプ初日の言葉が印象的だった。

「去年の1年でとくに変わるということはないですけど、いい活躍を長く続けるということが一番大事なことなので、チームとして勝つのもそうですし、個人的にいいシーズンを送りたいなと思ってます」

活躍を継続すること。これが大きなテーマだった。だからこそ、2年連続のMVPを目指すことにも意味があった。

2022年シーズンはヤンキースのアーロン・ジャッジ外野手とMVPを争った。8月末、エンゼルスタジアムで直接対決。大谷が2本塁打、ジャッジが1本塁打の結果で、この3連戦では大谷が上回った。やはりMVP獲得は意識していたのか。

「ワンシーズンプレーしてきたのが、そういう形になるというのはプレーヤーとしては大事なことだとは思うので、まずはこのペースでしっかり出続けることが一番かなと思ってます」

エンゼルスタジアムで行われた2021年アメリカンリーグMVP受賞式。記念のレリーフを受け取る（2022年5月10日）

ベストパフォーマンスを続ける原動力にもなったMVPのタイトル。チームのプレーオフ進出の可能性が薄れるなかでも、勝利に導くことが必然的に栄誉につながると感じていた。

「モチベーションにはなりますね。そういう形になるかならないか、プレーヤーとしては違いは出てくるかなと思うので。ただ1試合1試合、今日のいい場面で打ったのもそうですけど、勝ちを意識して頑張っていけば、おのずと数字はついてくると思うので、一番はそこかなと思います」

感謝の思いを結果で

2022年、最終的にはシーズン本塁打数でア・リーグ記録を塗り替えたジャッジがMVPに輝いた。惜しくも2年連続の快挙とはならなかったが、他球団の選手では大谷を推す声もあり、二刀流の活躍がMVP級であることは間違いなかった。同年のシーズン終盤、大谷は自分自身に対する手応えを口にしていた。

「去年（2021年）いいシーズンを送れて、本当に今年、それを続けられるのかどうなのか。一番大事というか、数字としてわかりやすいところで言うと、そういうところは大事かなと思う。継続結果も大事だなと思いますし、まぐれではなかったと自分自身で自信を持てるかどうかは、やっぱり、去年よかっただけに、今年一番大事だなと思っていたので。それを1年間、安定して続けられているっていうのは、いいところかなとは思います」

２０２２年もＢＢＷＡＡの記者投票では、ファイナリストに残った。スポーツ専門局ＭＬＢネットワークのインタビューでＭＶＰへの意識について語っている。

「そういうふうなことを想像して毎日、練習を頑張ってきたので、まず（ファイナリストとして）ここに呼ばれていること自体すごく光栄なことですし、来年以降もまた、ここに来られるように頑張りたい」

そして２０２３年。右肘や右脇腹の故障はあったものの、３年連続で投打にわたり驚異的な記録を残すシーズンを送った。本拠地で鳴り響くＭＶＰコール。敵地でも拍手喝采で迎えられた。

「２０２１年も（ＭＶＰのかけ声を）してもらったので、いつされても気分いいものですし、それだけ応援してもらっているというのは、すごいありがたい」

感謝の思いを結果で――。その気持ちが、大谷を突き動かす。

しっかりとしたスイングでいい打球を広角に打てるというのが、いいバッターじゃないかなと思いますね

メジャーリーグ屈指の名門球団として知られるニューヨーク・ヤンキース。多くの日本人選手が、この伝統ある球団で活躍してきた。大谷は同じ左打者でパワーヒッターである松井秀喜氏（現ヤンキースGM特別アドバイザー）に憧れ、長打力を武器にメジャーリーグに挑戦した。そもそも、なぜメジャーに挑戦したいと思ったのか。きっかけを問われ、明かしたことがある。

「いつか、もっともっとうまくなったら一番高いところでやってみたいなと思うのが普通かなと

は思うので、徐々にそういうふうに考えるようになったというところと、テレビで見てたら松井さんとイチローさんが断トツで多いので、そのゲームはよく見る機会はあったのかなと思います」

イチロー氏（現マリナーズ球団会長付特別補佐）がメジャーデビューした2001年、大谷少年は7歳だった。そしてイチロー氏はいきなり首位打者、最多安打、最多盗塁、新人王などタイトルを総なめし、リーグMVPに輝いた。

松井氏は2003年、読売巨人軍からヤンキースにFA移籍。タイトル獲得こそなかったが、1年目から3年連続で全試合に出場し、打率3割前後の高打率をマーク。3年連続100打点以上を記録するなど、勝負強さが光った。この時、大谷は9〜11歳だった。

長打も打てて率も残せるのがベスト

少年時代、野球に没頭している頃、海の向こうで活躍している日本人メジャーリーガーの姿が目に焼き付いていた。とくに松井氏は、2009年にワールドシリーズMVPを獲得するなど、「強豪チーム」の主軸として大活躍していた。大谷少年のヒーローだったにちがいない。

2021年7月4日、大谷はその松井氏が保持する日本人シーズン最多本塁打数（31本）に並んでいる。

「小さい頃から見ていた、憧れていた選手に並べたというのはすごいうれしい。ただ、まだ前半なので1本1本、積み上げていけたら」

3日後の7月7日に32号本塁打を放ち、松井氏の記録を更新。「子どもの頃からずっと見ていたので、光栄だなと思います」と、同じようにコメントした。

松井氏をリスペクトし、目標とし、打者・大谷は進化を続けた。２０２２年には松井氏も成し遂げられなかった2年連続のシーズン30本塁打以上をマーク。翌２０２３年には、日本人初の3年連続シーズン20本塁打以上も記録した。２０２３年5月、少年時代から憧れていた松井氏について改めてリスペクトを示した。

「僕より率（打率）も高いですし、総合的にそれこそ高いバッターかなと思います。目標にずっとしてきましたし、そういう選手像のなかでホームランを打てるのが自分の中では理想なので。率も残るし、フォアボールもしっかり取るし、なおかつ長打をしっかり打てるというのが一番いい選手かなと」

大谷は1年目から並外れたパワーを発揮し、相手バッテリーから警戒された。松井氏との打撃成績を比較すると長打率では大谷が勝る。打率に関しては言えば、ヤンキースに所属した7年間で2割9分2厘を残した松井氏が、現状で2割8分前後の大谷を上回っている。

2021年7月4日、エンゼルスタジアムでのオリオールズ戦の3回裏、松井秀喜氏に並ぶ日本人シーズン最多31号を放つ

フォアボールの重要性

打率、出塁率、長打率がバランスよく高い打者がベスト――。それは打者の指標として重要視されるOPS（出塁率＋長打率）の高さとイコールとも言える。

少年時代の大谷は、四球を嫌がってボール球に手を出すこともあったという。だが、四球に対する考え方は変わった。2023年シーズンの6月は驚異的なペースで本塁打を量産、本塁打王争いをしていた2021年同様に敬遠が激増した。相手投手はボール球で誘いにくるため、ストライクゾーンの外にボールが散らされるケースが多くなり、四球も増えた。盗塁ができる大谷にとって、どんな形でも出塁は得点のチャンスにつながる。2021年9月の四球攻めを経験して、意識はどう変わっていっているのか。

「野球をやっていればフォアボールよりヒットのほうが楽しいし、ホームランのほうが面白いっていうのはもちろんあると思いますけど、フォアボールっていうのは自分の打席のなかでも、1年間プレーしていくなかでも、1、2を争うぐらい大事なものじゃないかなと思っているので。そこは（四球を）取れてるうちはいいんじゃないかと思うし、際どい球に対して我慢強く打席を送れているというのは、いい傾向じゃないかなとは思ってます」

「ボール球は振らないし、ストライクに来たら球種問わずしっかり自分のスイングをする準備をするというだけなので、フォアボールはＯＫじゃないかなと。それが結果、チームの勝ちにもつながってますし、自分が得点することによってそういう（チームの勝利）チャンスが増えているので、それはいい傾向かなともちろん思います」

投手・大谷にとって、好打者とはどんなイメージなのか。

「しっかりといい球を、しっかりとしたスイングでいい打球を広角に打てるというのが、いいバッターじゃないかなと思いますね」

コメントとしては、非常にシンプルだ。ただ、言葉通り、大谷は好調時、好球必打で全方向に飛ばす率が高くなる。甘い球を打ち返し、長打とする。ボールを見極め、出塁する。打撃傾向に加え、シンプルな言葉からも理想の打撃像が見えてくる。

第3章 ライバルと仲間の存在

ライバルが自分を高める

個人的には（本塁打王を）意識しながらやりたい

名勝負を楽しむのは見ている側だけではない。大谷自身も強者との対戦を楽しみながら、しのぎを削ってきた。本塁打王やＭＶＰを争った屈指の強打者たちを敬い、学び、自らのレベルアップにつなげた。その一人がブルージェイズのウラディーミル・ゲレロJr.内野手だ。

２０２１年シーズン、大谷はゲレロと本塁打王争いを繰り広げるも終盤で逆転され、タイトル獲得はならなかった。同年8月、このゲレロとリアル二刀流で直接対決の機会があった。試合後、ゲレロとの対戦の話題になると大谷の表情が和らいだ。

「楽しかったですね。ブルージェイズ打線、全体的に言えることですけど、いいバッターが多いですし、粘り強いバッターがやっぱり多いので。そのなかでも中軸を打っているバッターはトップクラスの選手ばかりじゃないかなとは思うので、すごく楽しかったな、というのが印象的」

ライバルとの切磋琢磨

そして、こんな発言もしている。

「個人的には(本塁打王を)意識しながらやりたいと思っているので、そのなかで1打席1打席、冷静に打てれば必ずいい結果が残ると思います」

シーズン終盤の1カ月は、本塁打王を意識しながら打席に立っていた。大谷がシーズン中に個人タイトルの獲得について明確に意思表示することは、きわめて珍しい。

「いいバッターの人たちと競っているので、単純にそういう人たちと競り合いながらやれること自体、まず少ない機会だと思うので、(意識しないと)もったいないなとは思いますね」

数字やタイトルを意識しながらも冷静さを保つことが求められた。チームの勝利に貢献できるなら自然と集中力は上がるだろうが、そうではない状況だった。プレーオフ進出が望めないなかで、モチベーションのコントロールも難しかったはず。だからこそ、タイトルを意識することに意義があったのだろう。

最終的にはゲレロとロイヤルズのベテラン捕手サルバドール・ペレスの二人が本塁打王を獲得した。ただ、何事も経験。シーズン後に大谷は、両者との戦いを前向きに振り返った。

「ペレスはオールスターで（バッテリーとして）も組みましたし、ゲレロ選手もそうですけど、とても謙虚で素晴らしい選手。グラウンドの外でも謙虚で、人としても素晴らしいなという印象だったので。プレーヤーとしてもすごく刺激を受けてますし、打撃なんかは見ていて、僕としてもとても勉強になる部分がたくさんあるので、いい刺激をもらって1年間、野球ができているなと思ってます」

ジャッジは「打席のクオリティーが高い」

もう一人、忘れてはいけないライバルがいる。ヤンキースのアーロン・ジャッジ外野手だ。2022年のオールスター戦では、ア・リーグ代表選手としてチームメートになった。1番の大谷と2番のジャッジは試合前の両軍の整列時、隣り合わせになっている。

「見るからに大きいですし、（ヤンキースのジャンカルロ・）スタントン選手もそうですけど、ああいう選手はやっぱり威圧感のある体をしてますし、それに見合うだけのパワーとか、スピードとか、すごいなと思います」

2021年シーズン、ブルージェイズの一塁手
ウラディミール・ゲレーロJr.と激しい本塁打
王争いを繰り広げた

実際に公式戦で戦った上で、技術の高さも感じ取っていた。大谷とジャッジのMVP争いが白熱していた2022年8月末、ヤンキースとの3連戦があったのだが、大谷とジャッジは本塁打を打ち合った。その時、改めて打者ジャッジのすごみを表現した。

「ホームランもすごいですし、今日も2個フォアボールを取っていたりとか、しっかりアットバット（打席）のクオリティーが高いなというのが一番、安定していい成績が残る要因かなと思うので、見てるだけでも勉強になりますし、やっぱり素晴らしいバッターだなと思います」

ジャッジは大谷との〝MVP対決〟を終えても本塁打を量産し続け、最終的には62本塁打を記録。61年ぶりにア・リーグ記録を塗り替えた。ジャッジは記録が近づくにつれ、それを意識せざるを得ない状況になっていただろう。

プレッシャーの度合いに違いはあるかもしれないが、本塁打王を意識して2021年シーズンの終盤を戦っていた大谷の状況と似ていたのではないか。それでも打ち続けたジャッジに、大谷は改めてリスペクトを示している。

「野球ファンとして、もちろん60本打ったのは見ましたし、ファンとしてはもっともっと見たいなというのは率直なところではあるので、僕もバッターやってますけど、なかなかああやって打てることはないので、参考にもしてますし、勉強になるなと思います」

「MVPどうのこうのというより、選手として（ジャッジを）毎日見てましたし、また打ったな、また打ったなと、楽しませてもらった人間の一人かなと思います」

野球選手として高みを目指すためにライバルの存在は欠かせない。ゲレロやジャッジとのタイトル争いは、大谷の野球選手としての質をより一層、高めたにちがいない。

「試合の中でコントロールできるものをまずコントロールしたいなと思っています。それをするのがまず一番難しいと思うので。それをすることに集中したい」

大谷の二刀流には、数字だけでは語れないすごみが多々ある。メジャー6年目、２０２３年シーズンの6月、二刀流に関するシンプルな質問が記者から飛んだ。

「二刀流で最も難しいなと感じるところは？」

毎日の試合に向けて打者で準備する一方で、投手での調整を行う必要があるため、タイムマネジメントや、誰もが想像に難くない身体的な疲労にフォーカスされることは多い。だが、大谷の答えは違った。

「肉体的なことよりかは、切り替えだったりとか、今日（の試合で）バッティングはよくなかったですし、そういうメンタル的な部分が難しいなと思う部分はたくさんある」

「ヒリヒリするような9月を過ごしたい」

投打の同時出場、いわゆるリアル二刀流はメジャーに挑戦してから4年目、２０２１年シーズンから始まった。たとえ投手で打ち込まれても、打者ですぐに挽回できる。２０２２年からは先発投手兼ＤＨが降板後もＤＨで出場できる「大谷ルール」が導入された。また、ナ・リーグでもＤＨ制が採用されるなど、二刀流のアドバンテージを最大限に生かせるようになった。

だがその一方で、メンタル面のバランス、試合へのモチベーションを保つのがやはり大変なのではないかと思うこともある。

チームの勝ちに貢献するための二刀流。そのパフォーマンスが１つの勝ちに直結しても、目指すべきプレーオフ進出やワールドシリーズ制覇にはなかなかつながらない。メジャーに挑戦して以降、そんな日々が続いている。２０２１年シーズンの9月、消化試合をこなしながら胸中を語った時の言葉が印象的だった。

「もっともっと楽しい、ヒリヒリするような9月を過ごしたいですし、クラブハウスの中もそういう会話であふれるような9月になるのを願ってますし、来年以降そうなるように頑張りたい」

「（シーズンの）中盤まではいい戦いというか、主力が抜けているなかで我慢強く、5割付近で頑張っていたほうだなと思っているので、なかなかそこから主力が帰ってこないとなって、モチベーションとかズルズルいったような印象なので、このままでは勝てないかなと思います」

ともにチームを背負うマイク・トラウト外野手の存在は大きいだろうが、なかなか勝ちきれないエンゼルスで今後もプレーを続けたいのか。この頃から、大谷のコメントは勝利へのこだわりをストレートに表現するものになっていった。

「もちろんファンの人も好きですし、球団自体の雰囲気も好きではあるので、ただ、それ以上に勝ちたいっていう気持ちのほうが強いですし、プレーヤーとしてはそのほうが正しいんじゃないかなと」

２０２１年シーズン終了後、日本記者クラブでの会見でもこう語っている。

「ポストシーズン、その先も見えてこないなかでの戦いが多かったので、精神的にきつい場面というのは後半のほうが多かったので。もちろん落ち込みますし、打てない、打たれたとか、そういうのも落ち込んだりすることはある」

それでも試合に出場し、全力プレーを最後まで見せ続けた。

2021年9月30日、レンジャーズに逆転され厳しい表情を見せる

冷静と情熱のあいだで

純粋に自身のプレーで高みを目指す一方で、チームの状態はなかなか上向かない。2022年は夏場にエンゼルスがトレード市場で主力を放出する売り手に回った。ポストシーズン進出は目指さない——。つまり、「終戦」を意味していた。

「トレードで売り手に回るというのはそういうことだと思うので、チーム的にもポストシーズン目指してやっていこうと士気高くやっていけているわけではもちろんない。今自分たちにできる1打席だったりとか、1イニング、1人のバッター相手にしっかりと結果を出したいなという積み重ねで今日の試合を勝てればいいというところかなと。1勝がポストシーズンとか、そういうところにつながる可能性が低いっていうのは、選手からしてみれば、なかなか厳しいとは思いますけど、やることをしっかり集中してやりたい」

全力プレーが目指すべきゴールにつながらないなかで、集中力を保つことは決して簡単ではないだろう。それでも大谷は、自らを奮い立たせ、戦っていた。

「そういう意味でのモチベーションは難しいと思いますけど、個人的にもやらなきゃいけないことはたくさんありますし、まだまだ続いていく野球人生なので、1試合1試合、集中してどんな状況でもやれることをやりたい」

これまでの言葉を振り返ってみると、前向きな気持ちとともに苦悩も垣間見える。２０２３年の夏、オールスター戦の前日会見では自身の去就に関する話題について冷静に語った。

「コントロールできないものではあるので。試合の中でコントロールできるものをまずコントロールしたいなと思っています。それをするのがまず一番難しいと思うので。それをすることに集中したい」

雑音に惑わされず、投打で少しでもパフォーマンスを高める。それがいつか目指すべきゴールにつながる。自分が頑張ると決めた道に対して、どんな逆境でも諦めない――。大谷翔平の冷静と情熱のバランス感覚にはたびたび、驚かされる。

エンゼルス愛

「久々にみんなの顔を見て、このチームでも優勝したいなという気持ちになりましたね」

大谷が孤軍奮闘の活躍をしても、チームは負けを喫する――。いつしかエンゼルスファンの間では「なおエ」という言葉が定着した。例えば「大谷が1試合8打点を挙げた。なお、エンゼルスは敗れた」というように、大谷の活躍がありながらチームが負けた際に、「なおエ」と揶揄《やゆ》するのだ。

たしかに、２０２１年シーズンから3年間の大谷の投打の成績を鑑みれば、「なおエ」と言われても仕方がないチーム成績ではある（エンゼルスのレギュラーシーズンの成績は2021年が地区4位、2022年が同3位、2023年は8月末時点で同4位）。

しかし、逆に大谷が球団やチームメートに助けられていた時期があったのも確かだ。

チームへの感謝と信頼

2022年4月、大谷は開幕からなかなか調子が上がらなかった。月間成績は打者では打率2割4分7厘、4本塁打、11打点。投手では2勝2敗、防御率4・19。それでも、チームは首位を快走。「なおエ」とは逆の状況だった。その時の大谷の言葉が印象的だ。

「打線のなかでいいところで打たせてもらっているので、自分の調子が上がらない時にこうやって勝っている状況というのは、すごく救われていますし、逆に言えば、こういう状況が常に続いていくわけではないので、もしそうなった時に自分がもう一段いい状態で助けられるように、そういう準備をしたい」

思うように自身の結果が出なくても、チームの勝利が救いだった。

「充実感というより、ありがたいなという感じですかね。調子がそこまでよくないなかで、こうやっていいところでずっと信じて出し続けてもらっているっていうのは、感謝するべきところかなと思います」

4月に4本塁打はマークしていたが、得意なはずの本拠地で本塁打はゼロ。だが、当時のジョー・マドン監督は打線の中軸から大谷を外すことはなかった。二人には固い信頼関係があった。チームの勢いにも乗せられ5月9日、本拠地でのレイズ戦で自身初の満塁本塁打を含む2本のホームランを放った。

「チームの状態がいいので、そのなかで打てない選手がいるところで、やっぱり代えたくなったりとか打順をもっと落としたくなるところだと思うんですけど、そこを我慢して使ってもらってすごい感謝してますし、早くその期待に応えられるようにって思いはあるので。まだまだ、今日1本、2本打ったからといって、すごい変わるわけではないと思うので、これを継続できるように頑張りたい」

振り返れば、不振の時も故障で離脱している時も、チームは辛抱強く復活を信じ、環境を整えてくれた。メジャーリーグに移籍してからの6年間、チームが勝てない状況を度外視すれば、二刀流はチームにもファンにも温かく支えられていた。2022年のシーズン中、胸中を明かしたことがある。

「ケガもありましたし、なかなか思うようにプレーできないシーズンもあったので、ただ、おおまかに見ると、いいシーズンが多いんじゃないかなと。ケガ自体もサポートしてくれて、自分のやりたいようにプレーできる環境をつくってもらったので、それはすごく感謝していますし、ここまでいいシーズンを続けられているかなと思います」

2023年、エンゼルスのホームランセレブレーションの「兜」は大谷の発案とも。二刀流を全面的にバックアップしてくれたエンゼルスへの愛は深い

監督とＧＭの解任に「申し訳ない」

周りに助けられ困難を乗り越えた。だからこそチームに貢献できなかった時期は、ふがいなさを口にすることも多かった。２０２２年5月末から6月上旬にかけては、球団ワーストの14連敗を喫した。投打が嚙み合わない状況もあったが、この間に登板した試合は2敗。よき理解者であり、二刀流の制限を撤廃したマドン監督も解任された。

「すべてが監督のせいというわけではもちろんないですし、むしろ自分自身も調子が上がらない申し訳なさもあるので。お世話になりましたし、本当に感謝の気持ちはありますね」

投打で最も苦しんだ２０２０年シーズンにも、「申し訳ない」という言葉が並んだ。60試合の短縮シーズンで故障が再発し、打撃でも極度の不振に陥った。

「イラ立ちもありますけど、一番はやっぱり申し訳ないなと。短期決戦でしたしね。通常のシーズンでももちろんそうですけど、短縮シーズンは1試合1試合、重くなってくるので、そのなかの1試合の序盤で失点してしまうというのはきついかなというのはあるので。そこに対しての、期待して使ってもらって応えられなかったというのもありましたけどね」

メジャーで二刀流に挑戦する大谷の背中を押し、能力を信じ、環境を整えてくれた当時のビリー・エプラーＧＭも同年に解任となった。

「もちろん感謝はしてますね。感謝よりもやっぱり3年間ポストシーズンも行けなかったですし、行っていれば、今年もそうですけど、まだまだ（GM）やる機会もあったとは思うので、なかなか結果が出なかったので申し訳ないなと思います」

２０２３年シーズンも、ポストシーズン進出の夢はついえた。もちろん、大谷一人の力では安定して勝つことはできない。同僚のマイク・トラウトも年を重ね、故障が増えてきた。大谷がエンゼルスに在籍した6年間に監督は3人も代わった。チーム状態が安定しない一方で、二刀流を後押ししてくれた感謝もあるだろう。「なおエ」と揶揄されようが、エンゼルスに愛着があることに嘘偽りはないはずだ。

「みんなにおめでとうと言ってもらってすごいうれしかったですし、久々にみんなの顔を見て、このチームでも優勝したいなという気持ちになりましたね。エンゼルスで今年（２０２３年）、ワールドシリーズに出て、そこで勝ちたいなと改めて思いましたし、今はそこしか考えてない」

２０２３年3月、ＷＢＣで世界一を奪回した直後、チーム合流後にエンゼルスの一員として大谷が語った言葉である。

オールスター出場の意義

「パワー勝負、一番トップのレベルでできるというのが、自分的にもうれしかったですし、できるんだなっていうのを実感できた」

大谷は2021年7月、メジャーリーグのオースルター戦に初めて出場した。投打二刀流でのプレーは史上初。野球ファンの注目を一身に浴び、笑顔満載のひと時となった。大谷の野球人生にとって、オールスター戦はどんな意味があるのか。ファン投票で圧倒的な人気から初出場が決まった当時、心境を語っている。

「チームが勝つということが一番の目標なので、それに付随して自分がいい成績を残せれば。自分が必ず通る道なのかなとは思うので、もちろん高い目標ではあると思いますし、野球選手にとっては目指すべき場所なのかなとは思うので、すごく光栄なこと」

2年連続で選出された2022年7月にも、オールスターならではの特別感を明かした。

「何回選ばれてもうれしいものというのは変わらないかなと思います。ああいう雰囲気の中でプレーするのはなかなかないですし、やっぱり何回も、毎年毎年、来年も行きたいな、頑張りたいなと思わせてくれるところかなと思います」

他球団のスター選手と同じロッカールームで

夢舞台の光景はプロ入り前から目に焼き付いていた。2度目の出場で打者・大谷が対戦した投手は、メジャー屈指のレジェンド左腕クレイトン・カーショー（ドジャース）だった。場所はドジャースタジアム。プレーすることを夢に描いた球場の一つでもあった。

「学生時代から見ていたピッチャーなので、その時からトップで投げている投手。ドジャースタジアムでこういう機会、なかなかオールスターでっていうのは、ないと思いますし、思い切ってスイングしていきたい」

カーショーが最多勝、最優秀防御率、最多奪三振の投手3冠、サイ・ヤング賞に輝いたのは2011年。大谷が高校2年生の時だった。その11年後、オールスターで同投手と対戦できることは、まさに夢のようなことだったのかもしれない。

シーズン中は真剣勝負で戦う選手たちとチームメートとなり、対戦を楽しむこともできる。非日常の空間も特別感があった。

「ロッカーを共有するということがまずないですし、球場の外で話すような機会もあまりないので、すごくいい経験だと思います」

「他球団の選手とクラブハウスの中でコミュニケーションをとることは（普段は）あまりないので、球場ももちろん楽しいですけど、クラブハウスの中のほうがみんなリラックスしてますし、よりこうカジュアルに話ができる」

言葉通り、球場でもクラブハウスでも大谷はいつも以上に笑顔が多かった。メジャーを代表するスター選手たちと対戦、コミュニケーションができるオールスター。そして、向上心もかき立てられる。

「プレーヤーとしても必ずプラスになると思いますね。それは試合もそうですし、いろんな選手とコミュニケーションとって、トップの選手たちが集まってくるので、どういうプレーヤーなのかなっていうのも観察できると思いますし、実際にゲームのなかでトップ選手のプレーを見る機会がたくさんあると思うので、必ずプラスになる」

楽しむことはもちろん、自身のレベルアップにつながる見方にも余念がない。野球をこよなく愛する大谷にとって最高の舞台の一つと言ってもいいだろう。

2022年7月19日、ドジャースタジアムで行われたオールスターゲーム。「1番・DH」で先発出場し、初回にカーショーからセンター前安打を放つ

最高峰の舞台での経験

メジャーリーグのオールスター初開催は１９３３年。実現には元祖二刀流ベーブ・ルースの存在も大きかったという。真偽は定かではないが、シカゴ在住の野球ファンの少年が「ベーブ・ルース（ヤンキース）とカール・ハッベル（ジャイアンツ）の対決が見たい」と新聞社へ手紙を送ったことがきっかけとされている。ともに引退後に野球殿堂入りするレジェンド同士の対決。通算７１４本塁打を誇る左の大砲と通算２５３勝左腕の対決は、開催2年目で実現した。くしくも、ホームランアーチストで左打者の大谷は出場2回目で、レジェンド左腕のカーショーと対戦している。

初開催の時期が選手として晩年だったこともあり、ルースのオールスター出場は2回。当時はホームランダービーもなかった。ファンを楽しませるために、野球の醍醐味をプレーで伝える意味は今も昔も変わらないだろう。大谷は史上初の二刀流で夢舞台に立ち、ホームランダービーにも出場した。

「オールスター、ホームラン競争に関しても、本当に新鮮ないい経験をさせてもらったなと。パワー勝負、一番トップのレベルでできるというのが、自分的にもうれしかったですし、できるんだなっていうのを実感できただけで、もっともっと高いレベルで、自分をもっていくことができるんじゃないかなと思うので、見てくれた方も、楽しんでくれたらいいかなと思って出ていました」

その言葉を振り返ると、これから先も続けて、何回も選ばれたいと思う気持ちが理解できる。もちろんプレーオフ進出やワールドシリーズ制覇も夢描く舞台であることに変わりはないだろう。一方で、毎年開催される夏の祭典も特別。野球人として、これからもずっと目指す場所であり続けるはずだ。

「いつまでも覚えてもらえる選手っていうのは、なかなかなれることではないので。そこは選手として一つ目指すべきものだとは思います」

ベーブ・ルース以来、１００年ぶり——。大谷が二刀流で快挙を成し遂げるたびに枕詞として使われるフレーズだ。元祖二刀流と常に比較されてきたのだが、いまや「元祖」を超えているとまで称される活躍ぶり。たしかに、ルースが投打の両方で好成績を残したのは１９１８年からの２年間のみで、その後は打者に専念している。

いずれにしても、１世紀ぶりの偉業の数々に人々は酔いしれた。何かと言及される〝野球の神様〟ベーブ・ルースとの比較。現代の二刀流はどう感じているのか。メジャー1年目から、希代のレジェンドに敬意を示していた。

「もちろん素晴らしい選手と理解していましたけど、どこがどうすごかったのかはあまり理解できていなかったと思う。投手より打者のイメージのほうが個人的に強いので、ホームランが出ない時代にあれだけのホームランを打てるというのは、とてつもなく素晴らしい選手だったと思う。時代を代表する選手という意味では目指すところだと思うので、一選手としてより高いレベルでプレーしたい」

ヤンキースタジアムで奇跡の一発

元祖二刀流とはいえ、大谷の印象では「打者」ベーブ・ルースだったようだ。本塁打王12度、打点王5度、通算714本塁打。1924年には打撃3冠に輝いている。一方で、投手としてのタイトルは1916年に最優秀防御率が1度。通算では94勝をあげているが、打撃成績ほどずば抜けてはいなかった。とはいえ、数々の伝説を残している。

「本の中でしか見たことがなかったりとか、神様みたいな存在だと思うので、なかなか自分とどうのということはないかなと思うので、できることをやっていきたい。その先でこう、野球をやめる時に自分がどうなっているのか、(振り返るのは)またその時でいいかなと思います」

歴史上の人物のすごみは、数字上でしかわからない。ただ、野球の歴史を伝える上では欠かせない選手。大谷の活躍で偉人に改めてスポットライトが当たることは、何より価値がある。

「比較していただけるだけでとても光栄なこと。もちろん残した数字だけではない方だと思うので、そこが一番すごいのであって。そういうふうになるっていうのが、一番選手としても、いつまでも覚えてもらえる選手っていうのは、なかなかなれることではないので。そこは選手として一つ目指すべきものだとは思います。そういう方だなっていうことですかね。実際にやっているところを見たわけではないけど、多くの方が知っているというのは、すごいことだなとは思います」

ベーブ・ルース以来、104年ぶりに「2桁勝利&2桁本塁打」の偉業を達成した2022年シーズン。大谷はオフに初めてルースのことを見た時の記憶を明かした。

「図書館とか、絵本じゃないですけどそういう本で最初、見た印象ですね。(比較されるのは)すごく光栄なことだなと思いますし、クラシックな雰囲気のある球場も好きなので、そういうところでいいプレーができたのは印象的かなと思います」

伝説として語られるレジェンドとの比較を、控えめに喜ぶ。ルースを超えているとの見方もあるなかで、恐縮しながら、冷静に受け止める姿が多い。コメントからも謙虚さがにじみ出ている。

「野球をやっていて見たことがない人はいないと思うので、それぐらいの選手ですし、もちろん、うれしい気持ちはありますけど、本当に1戦1戦、また切り替えて頑張りたい」

2023年4月18日、旧ヤンキースタジアム開場100周年記念日にツーランホームラン

「光栄なことだなとはもちろん思いますけど、あまりシーズン中とか自分の今の数字がどういう印象なのかなとかはあまりわからないものだと思うので、終わった後にどんなシーズンだったのか、振り返ればいいかなと思っています」

ベーブ・ルースと重なる「自然体」

１００年に一度。もしかしたらもうこれから見られないかもしれない二刀流に、ファンは歓喜する。こじつけかもしれないが、ルースとの不思議な関係が浮かび上がるような試合も何度かあった。

２０２１年4月26日、大谷は投打で同時出場したレンジャーズ戦で１０７２日ぶりの復活白星をつかんだ。本塁打トップの選手が先発するのは、１９２１年6月13日のベーブ・ルース以来、１００年ぶりだった。大谷は5回３安打４失点で、ルースは5回０／３を5安打４失点で、ともに勝ち投手となった。打者としては大谷が３打数２安打２打点、ルースが３打数２安打（２本塁打）３打点だった。

偶然だろうが、二刀流の姿は重なった。

「その時代はもちろん生きてないので、わからないですけど、もちろん5回無失点とか、６回無失点っていうのを僕は目指してやってるので、偶然は偶然として、もっともっとよくなるようにやりたい」

２０２３年4月18日、ルースが活躍した旧ヤンキースタジアムの開場１００周年の日に、大谷が現在のヤンキースタジアムで本塁打を放った。ルースもちょうど１００年前、旧ヤンキースタジアム開場の日に本塁打を放っている。偶然すぎはしないだろうか。

「１００周年だとは知っていましたけど、本塁打を打っているかどうかは全然、わからなかったです」

大谷からすれば、目の前の試合を全力でプレーするだけ。ルースと比較されようが、誰と比較されようが、自分を見失うことはない。その自然体も偶然にも、ルースの姿と重なっている。

最強ライバル球団との戦い

「悪かったからといって落ち込むこともないですし、1回1回、1打席1打席、1球1球、繰り返し繰り返し、前進していけばいいんじゃないかなと」

大谷がメジャーに挑戦して以降、宿敵として君臨し続けるチームが同地区のアストロズだ。ジャスティン・バーランダー投手やゲリット・コール投手（現ヤンキース）らとの名勝負は、1年目から注目されてきた。投打で手ごわいライバルたち。

2022年シーズン、大谷はアストロズを相手に5試合の登板で3勝1敗、防御率1・21と圧倒した。一方で、抜きん出た強さを感じていた。

「すごく頭の使う球団だなと思うので。対戦多かったですけど、単純に自分のやりたいことをやっていれば抑えられる打線ではないですし、ステップアップのための準備として、いろんな球種を使ったり、いろんなカウントでいろんなボールを投げたりとか、それが今年の対戦ではいい方向につながったかなと」

2022年は新球のツーシームが配球の幅を広げ、スイーパーや数種類のスライダーを有効に使った。被打率1割9分6厘、延べ114人の打者と対戦し本塁打はゼロ。強敵を圧倒する大谷のマウンド上での姿は自信に満ちあふれていたように見えたが、やはり神経を使っていたようだ。

「ツーシームだけでなくて、スライダーもスプリットもそうですし、投げるところもそうですし、いろいろと考えないといけない打線なので。個の力も強いですけど、線の中でいろいろ考えてるなと、強いチームだなと思います」

「サイン盗み」に対する大谷流の解釈

大谷が進化を続ける理由は強敵との戦いにあり、と言っても過言ではない。ここ数年はリーグ上位に君臨するアストロズだが、2019年のシーズンオフに電子機器によるサイン盗みが発覚した。そして2017年のワールドシリーズ、2018年シーズンもサイン盗みの対象年となった。大谷は1年目にアストロズを相手に2度登板している。サイン盗みの影響は感じたのか。その答えに向上心があふれていた。

「実戦のなかで打たれたからって、それ（サイン盗みの影響）を疑うかって言われたら、あんまりそれはないと思いますし、それを考えたら自分の成長がないというか。なんで打たれたかというのが、サインを盗まれていたからじゃないかって片付けてしまったら、それは個人的にはもったいないと思う。使われていたとしても抑えられる何かっていうのは必ずあると思うので。個人的にはそうやってやるべきですし、個人的に何かっていうのはとくにはない」

　打たれる要因は自分にある。そこを克服してこそ、レベルアップできる。２０２１年シーズン後半戦は投手として安定感が増し、7戦5勝。自身は8連勝をマークしていたが、9月10日のアストロズ戦では4回途中、9安打6失点と打ち込まれた。だが、その後の2試合ではアスレチックス、マリナーズを相手に15イニングで3失点。防御率１・80と圧倒した。同年のシーズン最終戦でこう振り返った。

「やっぱり打たれないと、変えようと思わなかったりとか、感覚が悪くても、抑えられてしまっている状態だとあまり変えづらかったりするので、そういう意味ではいい変えるきっかけになったというか。この間のアストロズ戦もそうでしたけど、そういう試合かなと思います」

2023年5月8日のアストロズ戦、
ベンチで笑顔を見せる

努力と結果が比例しないなかで

大谷とアストロズの戦いは、両者の徹底した戦略や攻防が見ている側にも伝わってくる。前年は圧倒したが、2023年シーズンの投手・大谷はアストロズに完敗した。3試合の登板で0勝3敗、防御率5・50。相手の強さを感じ、超えるために練習し、上回ったかと思えば、また打ちのめされる。

「徹底はしてくるチームじゃないかなと。バラバラに攻撃するのではなくて。少ないチャンスを全員、目的を持って狙ってきているかなとは思うので、そういう強さはもちろんある」

打線だけでなく、投げ合う相手にも苦戦した。左腕フランバー・バルデスとは、先発としての投げ合いで2戦2敗。エース対決も完敗だった。

「いいピッチャーなので、もちろん、全員が打ててないですし、リーグ全体通して見ても、それがいいピッチャーだと思うので。逆に抑えるべき時に抑えてますし、そういうところがいいピッチャーなんじゃないかなと思います」

相手を称えるも、結果的には投打で前年の王者アストロズに攻略された。ただ、大谷はこのままでは終わらない。いつか必ず、再び圧倒する時が来る。投打でキャリアワーストに終わった2020年シーズンオフのインタビューでの言葉を思い出した。

「やれるだけのことはやって、練習もやってきていたので、結果は結果として受け止めればいい。しっかり次につなげられるように。よくても悪くても毎年、毎年そうやって、やってきたので、悪かったからといって落ち込むこともないですし、1回1回、1打席1打席、1球1球、繰り返し繰り返し、前進していけばいいんじゃないかなと思います」

シンプルに、大谷の不屈の心を示している。類い稀な才能で100年に一人の逸材と称されるが、驚異的な二刀流のパフォーマンスを見せているのは、一歩一歩、進んできた結果の賜物だ。そしてそこには常に、宿敵の存在がある。

マイク・トラウトへの思い

「誰の後ろを打つよりもやっぱり全然違うんじゃないかなと思う」

大谷とトラウトの絆は固い。ともに球界最高の選手と称されながら、ポストシーズンの戦いからは遠ざかっている（トラウトは2014年の1度だけ、大谷はメジャー移籍後、出場経験はない）。2023年3月のWBCにおける両選手のプレーは、シーズン中にも見たことのないような気迫にあふれていた。勝ちたいという意欲がとにかく強い――。エンゼルスの2大スターの共通点だ。

いまや、「トラウタニ」という名称も定着。互いにナンバーワンの選手と称え合い、常にリスペクトの目を向けながら接してきた。大谷はメジャー1年目、開幕して1カ月後にトラウトから学んでいることについて、こう語った。

「何かというよりは全部が勉強になると思いますし、結果もそうですけど、毎日の取り組み方とかそういうのも含めて。トッププレーヤーと毎日できるというところでは、すごい自分にとってプラスになっていると思うので。勉強しながら毎日、毎日、助けられている部分もありますし、一緒にプレーできていることはすごくうれしい」

「模倣」ではなく「参考」にする

2018年は2番トラウトの後ろ、3〜5番を任されることが多かった。間近で観察し、吸収した1年間。シーズンを終えて、MLBナンバーワンプレーヤーへ変わらぬリスペクトを示した。

「球界のトップのバッターだと思ってますし、数多く後ろでも見させてもらって、それはすごく勉強になったと思いますし、誰の後ろを打つよりもやっぱり全然違うんじゃないかなと思うので、そこは今年一番、いい経験をさせていただいたと思います」

トラウトはメジャー2年目の2012年シーズンから頭角を現し、10年以上にわたり継続して結果を残し続けた。そして2019年までに3度のMVPを獲得。大谷が打者で大事な指標の一つと明かしているＯＰＳ（出塁率＋長打率）は、２０１５年、２０１７〜２０１９年とリーグトップ。選球眼に優れ、甘い球を長打にできる確実性もある。好球必打を実践する理想的な打者が、大谷の目の前にいた。ネクストバッターズサークルでの観察はとくに感じるものがあった。

「ホームランだけじゃなくて打席の運び方とか、そういうのも後ろで見てると違うかなと思う。ベンチで見ているよりもより近いので、何考えているのかなとか、どういうタイミングで打っているのかなとか」

すべてが糧になるとはいえ、それをそっくりそのまま模倣するわけではない。

「生きるところ、生きないところ、やっている人間が違うので、それは向き、不向きがあるのが当然ですし、必ずしもそっちがいいわけではないので、こういう取り組みもあるんだなという一つの参考にはいいかなと思います」

何年経っても野球人として尊敬する心は変わらない。満票でリーグＭＶＰを獲得した２０２１年11月の質疑応答でも、感謝と敬意を示した。

「一緒にやることで勉強になったりとか、バッティングに関しては勉強させられっぱなしのところがあるので、本当にそこを見てきたからいろいろ対応できた部分はあると思いますし、本当に一緒のチームでよかったなと。来年（２０２２年）、一緒に頑張れたら、もっともっと強いチームになるんじゃないかなと思います」

この言葉を聞けば、トラウトの存在が大谷にとってどれだけ大きかったのかが伝わってくる。

2023年4月7日、本拠地開幕戦の開会式で

2022年のシーズン途中、互いに切磋琢磨していることを指摘され、謙遜するように言った。

「それはないですかね。誰がどう見ても一番はトラウト選手じゃないかなと思うので、僕は引き上げられてって感じですし、実質（自分は）去年（2021年）しかいいシーズンはないので、それをしっかり続けることに意味があるというか、そこが一番大事かなと思います」

「見ていて楽しいですね。調子のいいバッターっていうのは、打つ雰囲気しかないので、どこから見ていても楽しい」

「俺たちいい打線だな」

信頼を寄せ合う二人が、ライバルとして戦った2023年3月のWBC。その直前、2月中はともにエンゼルスで調整を行っていた。それぞれの代表チームに合流する前に交わした言葉は、果たしてどんな内容だったのか。

「WBCの話とかはせずに、『俺たちいい打線だな』みたいな。そういうチームの話をしていましたね」

あくまで同僚としての会話だった。

思えばエンゼルスとの縁がつながった時から、大谷はトラウトの存在を意識していた。2017年12月9日の入団会見。自己紹介の最後にメッセージを送った。

「今日は（主力選手の）マイク・トラウト選手の結婚式です。結婚、おめでとうございます」

一般公開の記者会見場は盛り上がった。さらに、背番号17を選んだ理由については、こう明かした。

「本当は27番（マイク・トラウトの背番号）をつけたかったんですけど、埋まっていたので17番にしました（笑）」

常に大谷を気遣い、兄貴分としてリードしてくれたトラウト。２０１９年のシーズン前に、エンゼルスと12年の長期契約を交わした際には、本拠地のスタジアム外で行われた記者会見場に他選手とともに大谷も列席。最前列でスピーチを聞き入った。２０２１年に大谷が初めてオールスターのホームランダービーに出場した時には、給水の休憩中に電話で激励された。

固い信頼関係で結ばれる二人。二刀流で花開いた大谷にとって、トラウトの影響はとてつもなく大きい。

「(引退を表明した松坂大輔氏の印象を問われ)ジャイロボールですかね。僕は投げられると思って真剣にやってましたけど」

大谷の囲み取材ではしばしば笑いが起こる。ハプニングもあれば、ユーモアを交えた切り返しで周囲がどっと沸くことも。同僚を絶妙にからかい、イタズラで楽しむこともある。囲み取材の場で、そんな和やかな空気が流れることがあった。

「ビジネスパートナーです(笑)。キャンプの時から丁寧にというか、僕が投げやすいようにやってくれてるなと感じるので。今日の投球でもそうですけど、ワンバウンドもしっかり丁寧に止めてくれるのは本当に感謝しかないですし、いいように投げられるようにしてくれています」

2018年4月24日、当時女房役だったマーティン・マルドナド捕手との関係性を問われ、ニヤリと切り返した。同捕手から大谷は「ホルヘ」と呼ばれ、仲の良さも目立っていた。他球団のライバル選手となっても、ビジネス関係（?）ではなく、友好関係が続いている。

「差し支えあります（笑）」

「差し支えあります（笑）」

2018年9月30日、囲み取材の場で日本人記者から、「差し支えなければ」と前置きの上で、手術の時期を聞かれた。丁寧な言葉の質問だったが、頬を緩めながらユーモアで一蹴した。

「バナナ?　あー、うれしいんじゃないですかね」

2019年2月17日、アリゾナ州テンピのキャンプ地での囲み取材で爆笑が起こった。同地でエンゼルスが本球場として使用しているディアブロ・スタジアムには、外壁に巨大なバナー広告のように中心選手の写真が飾られている。そこに自身の写真も加わったことについての質問のなかで、「バナー」と発した記者の言葉が「バナナ」と聞こえたようだ。ベテラン記者に対する切り返しのタイミングも絶妙だったが、その場が一気に笑いに包まれた。

「長いですね（爆笑）。要約すると？」

２０１９年４月10日、大谷自身が野球界を引っ張っていく存在になっていることについて、質問の前振りが長かったことに困惑しながらの返し。その次の質問が最後となり、これにも「締めてくださいね（笑）」と笑顔でプレッシャーをかけた。

「一平さんへの歓声次第かなと思います。おそらく結構な歓声が上がると思うので」

２０１９年４月４日、本拠地開幕戦でエンゼルスタジアムがホーム球場だという感覚が芽生えているかとの質問に、水原通訳の人気ぶりをいじるように返答した。

「ほぼ雑談ですけど、大丈夫ですか（笑）」

２０１９年11月、個別インタビューで自炊や結婚観、読書に対する考え方などの質疑応答で、制限時間が迫った時に笑いながら指摘した。

「ジャイロボールですかね。僕は投げられると思って真剣にやってましたけど。今はちょっと、僕の実力では難しいなと」

2023年4月5日、シーズン初勝利後の会見

2021年7月6日、引退を表明した松坂大輔氏の印象を問われての回答。松坂氏が投げているとされた〝伝説の魔球〟の習得を、少年時代に試みていたことを笑顔で明かした。

「まぁ、なんかちょっとカッコつけてたんで、僕的には気に食わなかったです(笑)」

2022年4月7日、開幕戦の登板準備でブルペン投球をしていた際に、開幕セレモニーでスタジアムDJが球団スタッフを順々に紹介。水原通訳の名前がコールされ、大歓声が上がったことに対してニヤリとコメントした。

「僕の中では打っていたと思っていたので(笑)。知らなかったです」

2022年5月9日、初のグランドスラム(満塁弾)を放ち苦笑いで振り返った。

「経営に関しては、僕はちょっと専門外なので(笑)。わからないです」

2022年8月27日、エンゼルスのモレノ・オーナーが球団売却を検討していることについて、〝真面目に〟返答。

「まぁまぁでしたね(笑)」

2023年3月12日、WBC1次ラウンドで4連勝。ヒーローインタビューで、試合ごとにますます大きくなっている歓声に対してクスッと笑いながら一言で切り返した。3日前の9日、ファンに対して「まだまだ足りないので、もっともっと大きい声援をお願いします」と呼びかけていた。

「まぁまぁ、いいピッチャーでした（笑）」

2023年3月24日、WBCの全日程を終え、準決勝で対決したエンゼルスの同僚左腕サンドバルの印象を問われて、ユーモアたっぷりに。

「多少の信頼はしているので。ちょこっとだけ信頼しています。日本の時から11年ぐらいですかね。ある程度、何も言わなくてもわかる空気感みたいなのは、楽かなと」

2023年4月7日、本拠地開幕前のレッドカーペットショーでラジオ出演。水原通訳との信頼関係を問われての回答だ。

掘り起こせば、まだまだユーモアある回答はあったかもしれない。基本的には冷静沈着で、囲み取材でも適度な緊張感はあるが、時におちゃめな大谷が垣間見える。

日本人対決

「特別な気持ちは、もちろん何回やっても持つんじゃないかなとは思いますけど、打席の中でやることは変わらないので、そこだけまず集中してやりたい」

大谷はメジャーに挑戦して以降、数々の日本人選手と対戦してきた。日本ハム時代には実力的に遠く及ばなかった相手や、学生時代から憧れていた存在、同学年でしのぎを削ってきた選手との対決もあった。最初の日本人対決は1年目の２０１８年5月27日、現在も日本を代表する好投手の一人、田中将大（当時ヤンキース）だった。

田中が楽天在籍時代の２０１３年に対戦経験はあったが、同年の田中はシーズン24連勝の無双状態。一方の大谷はプロ1年目だった。5年ぶりの直接対決の前日に心境を明かした。

「高校卒業して、正直、全然プロのレベルではなかったですし、そこでトップを走っている投手だったので、正直、勝負になってない打席が多かった。それが明日、詰まっているのか、またもっと離れているのか、それはわからないので、そこはすごく楽しみ」

結果は3打席で2打数無安打1四球、2三振。三振はともに空振り三振に終わった。

「今日の3打席だけでわかるかと言ったらそうではないと思うんですけど、ボールの見え方だったりというのは進歩はしているんじゃないかなと思いますし、田中さんは田中さんで数多く、経験を積まれていると思うので、その分、難しい打席も多くなる」

メジャーでの対戦はこの一度きりだったが、経験の差を実感した。

「全体的にどの球種もしっかりと制球できるというところは日本にいた時もそうでしたけど、やっぱり今日もいいところに投げつつ、審判も巻き込んでストライクって言わせるような、そういう素晴らしいコントロールがあるかなと思う。そこはもう、日本時代と変わらない」

レベルの高さを見せつけられたが、投手として今後の糧となったにちがいない。

菊池、前田からは本塁打

田中だけでなく、日本人同士の対決は特別だった。2019年6月8日のマリナーズ戦、岩手・花巻東高の先輩でもある菊池雄星投手と対戦した。

「（1～3年で一緒の時期が）かぶっていないので、高校の先輩っていう感じも本当はないんですけど、憧れていたっていう感じかなと思います。同じ高校だっていう感覚もあまりないですし、オフに来られた時に挨拶したとかいうのはありましたけど」

「特別な気持ちは、もちろん何回やっても持つんじゃないかなとは思いますけど、打席の中でやることは変わらないので、そこだけまず集中してやりたい」

メジャー初対戦の3打席目では、菊池のカーブを左中間スタンドへ運びガッツポーズ。リスペクトしていた先輩から本塁打を放っただけに、より一層、気持ちが入っていたように見えた。

同年、日本人対決はさらに続いた。菊池との対戦の3日後、当時ドジャースに所属していた前田健太投手と2018年7月6日以来、2度目の対決。第1打席で完璧な本塁打を放った。大谷は当時、日本人同士の対決について、喜びを口にしていた。

「やっぱりうれしいですね。前田さんは僕が（日ハム時代の）1年目、2年目の時にしかやっていないというか、ずっと球界でトップの選手でしたけど、そういう方とこっちでやるのは楽しみではありますし、どういうふうに感じるか、また（次の対戦を）楽しみにしたい」

前田は2021年9月にトミー・ジョン手術を行った。投手としても共通点がある二人。2023年のシーズン中にエンゼルスタジアムで再会した時は、久々に挨拶を交わし、しばらく談笑する姿が印象的だった。

2018年5月27日、ヤンキースタジアムで
田中将大とメジャー初対戦

「同学年」鈴木誠也への思い

ＷＢＣでともに侍ジャパンを引っ張ったダルビッシュ有投手とのメジャーでの対戦は、２０２３年９月の時点でまだ実現していない。ダルビッシュは少年の頃から憧れの存在だった。

「一番好きなピッチャーだったので。投げているボールももちろんすごかったですし、立ち居振る舞いもかっこよかった」

大谷は日本ハム時代に背番号11のユニホームを着用。球団ＯＢのダルビッシュから受け継いだ番号だ。

「光栄なことですし、日本ハムからしても大事な番号なので、なかなか安易に渡すことはないのかなと思っていたので、素直にその期待に応えられる選手になりたいなと思って頑張ってきました」

２０２２年のシーズン開幕前に広島カープからカブスに移籍した鈴木誠也外野手とは同学年。ＷＢＣではチームメートとしてともに戦うことはできなかったが、２０２３年６月、メジャー初対戦で顔を合わせた。

「同級生は少なくなってきたり、そういう年齢になってきているのでなおさら貴重ですし、同じアメリカでやる選手は（同学年では）彼しかいないので、対戦したいなと思ってますし、ナ・

リーグなので、あんまり機会はないかもしれないですけど、チャンスがあればやってみたい」

直接対決こそなかったが、ようやく同じ舞台で戦う機会に恵まれた。自身も故障を繰り返してきたからこそ、わかる感情もある。

「本人もケガでなかなか最初出られなかったという苦労もあったと思いますし、二人とも健康な状態で試合に出られるのが一番お互いうれしいんじゃないかなと思うので。僕自身もそうですし、誠也もここからケガなくシーズン、まず走り抜けてほしいなと思います」

同じメジャーリーグで戦う日本人でも、それぞれが目指す場所は異なる。だが、互いに特別な感情を抱き、互いにリスペクトを向け合う姿は共通している。

「（ＷＢＣ決勝戦、９回のマウンドで）ゲッツー取った時点でベンチのほうを見た時、みんなが行けるぞっていう表情をしていた。かなり勇気づけられました」

大谷翔平という選手は、ここぞという場面になるとアドレナリンが湧き出て、気迫に満ちたガッツポーズが自然に出るタイプだ。メジャーに挑戦して以降も、雄叫びを上げ、力強く拳を握る場面が多々あった。

ただ、今回のＷＢＣでの準決勝メキシコ戦、１点を追う９回に先頭打者として二塁打を放った時の大谷の姿はメジャーでも見せたことがないものだった。ヘルメットを自ら投げ飛ばす激走。

二塁塁上でベンチに向かって「カモーン！」と叫び、両手を下から上に何度も煽《あお》った。チームメートを鼓舞する渾身のプレーとパフォーマンス――。この大谷の気迫が、流れを一気に日本に引き寄せた。あの試合、大谷はどう感じていたのか。

プレッシャーと感謝も込みの楽しさ

「同点に追いついて、また取られてみたいな、そういう厳しい展開というか、なかなか突き放せないもどかしいなかで、みんな全然諦めていなかった。ここの1本がつながりさえすればっていうイニングが毎回あった。そこは変えることなく、このまま辛抱強く、みんなそういう気持ちで。負けたら終わりですし、相手の選手も素晴らしいプレーが多かった。もどかしい展開でしたけど、こんなゲームができるのは人生のなかでも関わることないですし、本当に楽しいゲームでした」

頂点を目指す短期決戦の戦い。ひと味違った感覚をこう表現した。

「楽しいですね。テレビゲームをしているような楽しさではなくて、プレッシャーも込みで、人生のなかでそうそう経験できる舞台ではないですし、本当にこういうところでプレーしているっていう、そういう感謝の気持ちも込みの楽しさ」

そして感情は高ぶった。チームを鼓舞し、士気を高めた。

メジャーリーグで短期決戦と言えば、世界一を懸けたポストシーズンの戦い。出場する選手が

1プレー1プレーに必死で、雄叫びや渾身のガッツポーズを見せる姿は珍しくない。大谷のWBCでのすさまじい気迫は、まさにメジャーリーガーがポストシーズンで見せるそれだった。

まず、気持ちで負けない――。そんなメッセージにも思えた。

決勝では、過去最強メンバーといわれる米国に先制された。その時の大谷の表情は負けん気にあふれていた。そして強気の侍ジャパンは逆転。9回1点リードで大谷は守護神としてマウンドに上がった。2死からエンゼルスの同僚トラウトを迎える。1発で同点の場面だったが、空振り三振で優勝を決めた。

「先頭バッターを出して、ゲッツー取った時点でベンチのほうを見た時、みんなが行けるぞっていう表情をしていた。かなり勇気づけられましたし、あと一人、トラウト選手を抑えるっていうことにフォーカスして、自分自身に『いける』っていう自信も出てきましたし、本当にあの時、ベンチを見た時のみんなの表情に助けられました」

野球の醍醐味

最強とされた米国のWBC連覇を阻んだ。ともに戦った仲間たちの気持ちの強さに、力が湧いた。大会を終え、改めて感じるものがあった。

「これぞ野球だなという雰囲気というか、味わいましたし、正直、ワールドシリーズには出たことがないので、予想すらできないですけど、短期決戦で投げたいなという欲は自然と高まる」

「シーズン中にこれだけのプレッシャーというか、緊張することはおそらくほとんどないと思うので。あるとしたら、ポストシーズン、ワールドシリーズじゃないかなと思いますし、こういう経験をもう一回したい。改めてそういう気持ちがやっぱり強くなるっていうのは、よかったかなと」

エンゼルスではシーズン終盤に消化試合を戦う状況の繰り返しだった。タイトルやMVP争いばかりが注目された。だからこそ、少なからず特別感はあった。

「シーズン中も個人にフォーカスしているっていう気持ちはないですし、勝てない試合がこの5年間（2018〜2022年）はちょっと多かったというだけで、みんな勝ちに対しては貪欲ですし、勝ちたいなと思って、その試合には臨んでいるので。個人にフォーカスして試合に入るってことはないですけど、短期決戦で、自分が打たなくても勝ちさえすればOKという、そういう試合ってのはそうそう経験できない。それは特別」

短期決戦で改めて感じた野球の醍醐味。WBCでの経験は、深く深く胸に刻まれているにちがいない。

大谷がトラウトから三振を奪い優勝するミラクル。チームメートとの絆も注目された

A
NGELS
17

第4章 自分との戦い

理想の投手像

「場数を踏むかどうかっていうのは大事なことではあるので、そこがメンタル面で助けてくれるっていうところはある」

大谷は2022年シーズン、メジャー5年目で初めて2桁勝利を挙げた。15勝9敗、防御率2・33。全米野球記者協会（BBWAA）の投票によるサイ・ヤング賞では4位の評価だった。初めて規定投球回に到達。主要タイトルの獲得こそなかったが、リーグトップの項目があった。奪三振率だ。投球イニング166回で219奪三振。9イニング当たりの三振数は11・87をマークした。

大谷にとっての、奪三振とは——。

「一つ奪三振というのは強みかなとは思っているので、それに頼らずっていうか、全体、トータルで毎試合、勝てるように組み立てていくのもピッチングなので、どういうピッチングができるのか、いろんな選択肢を持てるのが一番いいことかなと思います」

三振と球数のジレンマ

2022年9月23日のツインズ戦で、200奪三振の大台に到達した。

「大きい数字だと思うので、安定して投げているのが一番いいところかなと。奪三振能力は一つ強みだと思うので、それを今年一年通してここまでこれているのは、いいことだと思いますし、なおかつ長いイニングを投げたいなというなかで、今日はあまりよくなかったですけど、そこももうひとつ克服できれば、もっともっといいピッチングができる」

〝そこ〟とは——。200奪三振に到達したツインズ戦で大谷は7つの三振を奪うも6四球を与え、制球が荒れていた。5回で100球を投げ、苦しい投球でもあった。

「フォアボールを出して三振を取ってというタイプは目指しているところではもちろんないので、三振を取りながら、なおかつフォアボールを出さないっていうのが一番大事なところかなと思うので、そういった意味では今日はよくなかったかなと思います」

大谷は自らの投球スタイルを、「（ストライクゾーンの）角を狙ってカウントを取りにいくタイプではもちろんないので、そのリスクよりは、ある程度ざっくりしたゾーンでも球威で押してったりとか、変化の量で空振りを取ったりとかっていうタイプなので」と分析している。

三振が多ければ、必然的に球数は増えていく傾向がある。ボール球を使わず、３球三振でいけば球数は抑えられるが、もちろん簡単なことではない。

「球数って（三振と）表裏一体の部分があると思うので、全部見逃しだったり、空振りだったりとかって狙うと球数がかさんだりする時がある。今日は首位のチーム、強いチームというか、いい打線が相手なので、全員がいいバッターだということをまず認識することで、そこでムキにならないところが大事」

野球は個人競技ではない。また、相手チームによって戦術も変わる。打者に揺さぶられ、精神的に乱れることもあれば、味方が失策することもある。投手はとくにメンタル面で冷静さを保つことが求められる。長いイニングを投げる必要がある先発投手は、粘り強くあらゆる状況に対応していかなければいけない。

四球はヒットよりリズムが悪くなる

アドレナリンが出れば、出力は高くなる。ピンチの場面ではとくにスイッチが入る。それが大

2022年7月6日、マーリンズ戦での初回投球前にボールを見つめる

谷のピッチングスタイルでもある。一方で、100パーセントで投げ続ければスタミナは持たない。力の加減をコントロールしながら、強みでもある奪三振能力を生かす必要もある。

「長い回になればなるほど、全力で全部いけばいいというわけではないので、計算しながらしっかりと投げられるのが先発ピッチャーじゃないかなと。ある程度、ゲーム前に考えることもあると思うんですけど、なかなか予定通りいくっていうことのほうが少ないですし、臨機応変に、ここは抜きどころだなと思った時に、抜きながらでもしっかりと球数をセーブして抑えられるというのが一番いい。狙った時にしっかり三振が取れるっていうのも一つの仕事」

理想を追い求め、試行錯誤が続く。

登板間の調整では、キャッチボールの時にも球種の改良を試みている。わずかなズレが生じ好不調の波が表れる打撃と同様に、ピッチングも奥が深い。配球に幅を広げるため、変化球に新たな動きを加えることもある。変化量を自在に変えて空振りを奪う一方で、見送られたり、コントロールができずに四球になることもある。

「四球はどうしてもヒットよりもリズムが悪くなってしまう傾向にあると思うので、三振も取れて、なおかつ四球も少ないっていうのがピッチャーの理想の形なのかなと。誰しもがそうだと思いますし、それを求めていい投球のプロセスが動作からできていれば、おのずと三振も取れて、四球も少ない、そういう形に近づいていく」

完成形には届かないまま、2023年8月23日に大谷は右肘の靭帯を損傷した。だが、理想に近づき、遠のき、繰り返した経験は確実に今後の糧となるはずだ。投打で安定していた時期に、こう語っていた。

「いろんなシチュエーションを経験できている。そういう場数を踏むかどうかっていうのは大事なことではあるので、そこがメンタル面で助けてくれるっていうところはあるかなと思います。大きく慣れの部分で、そこは大きい」

リハビリを経て、再び投手でスタートを切る。時間はかかるかもしれない。ただ、何度も苦境を乗り越えてきたことは、何よりの自信になっているにちがいない。

守りに入ってたらやっぱり、なんていうんですかね、無難なところにしかならないというか

大谷が戦う相手は、他チームの選手たちだけではない。自分とも戦っている。２０２１年に満票でリーグＭＶＰを獲得し、２０２２年はヤンキースのジャッジにＭＶＰを譲ったが、投打の成績とパフォーマンスには、２０２１年以上の手応えがあった。

「もちろん単純な数字、打撃だけの数字で言えば、去年（２０２１年）のほうがよく映るのかもわからないですけど、全体的なバランスだったりとか、クオリティーも含めると、今年のほうが

自分的にはいいシーズンになっているかなと思います」

「明らかに今年（２０２２年）のほうが全体的な数字もいいですし、自分でプレーしている感じも去年よりも自信を持ってプレーしていると思う。そこに関しては去年、ＭＶＰは獲れましたけど、そのなかで、それよりいいシーズンを送れているっていうのは自信にしていいのかなと思います」

よりアグレッシブに

２０２２年、シーズン前のキャンプで当時のジョー・マドン監督からは前年と同様のパフォーマンスを求められた。その上で、大谷は自分にハッパをかけた。

「去年と同じようにやろうと思ったら、なかなか難しい。そういう成績は残らないかなと思うので、もっともっと上を目指して頑張りたい」

ＭＶＰ選手に対して相手は全力で立ち向かってくる。警戒度がより一層高まるのは当たり前で、大谷はそれをさらに上回る必要があった。

「前の年と同じようことをやっていても、同じ数字が残るかといったら、そうではない。むしろ下がると思いますし、やられる配球もそうですけど、やられることに対してそれ以上のことをしていかないと向上はしていかない。ピッチングも今年（２０２２年）いろいろ試しながら投げましたけど、そういうところがテーマかなと。来年以降も、もっともっと工夫しながらできれば、もっといい数字が残ると思います」

メジャーでは、クオリティー・スタート（QS＝6回、自責点3以下）が、先発投手の及第点として一つの指標になる。防御率に換算すると4・50。大谷はこの内容では当然、納得しないはずだ。常に無失点を目指すから、防御率2〜3点台を保てるのだと思う。目指すところは、もっと上にある。うまくなりたい、その気持ちが積極性を生む。

「守りに入ってたらやっぱり、なんていうんですかね、無難なところにしかならないというか、今年、去年みたいな数字は残らないかなと思うので、もっともっとうまくなりたいなと思って、毎試合登板できるかどうかが大事。ある程度、このくらい抑えてくれるだろう、と言われれば言われるほど、守りに入ってしまうというか、無難に終わりたいって気持ちになってしまうと思うんですけど、そこで、よりアグレッシブに試合で攻められるかどうかが、大事だなと思いますね」

自己分析し工夫を加える

打者としても意識は同じだった。2020年シーズンのキャンプでは、あえて右足を上げてタイミングをとる打法を試した。過去2年は、右足を地面に着いたままタイミングをとるヒールダ

2022年5月5日、ボストンで行われた
レッドソックス戦で三振を奪い雄叫び

ウン（かかとを上げる形）で好成績を残した。慢心せず、さらなるステップアップのために打撃改良に取り組んだ。

「同じ打ち方で3年、5年、10年打ち続けるっていうのはないと思うので。変な話、1カ月とかもないと思いますし。トップの選手でも、もっともっとよくなるためにいろいろ変えて、毎日毎日、練習している」

右足を上げる打法は今でも不調の時などに取り入れ、打撃改善への引き出しとしている。大谷の言葉通り、微修正は目に見えるものもあれば、目に見えないものもある。オフの過ごし方や、トレーニング法しかりだ。投打で大不振だった2020年のオフは、米シアトルの野球トレーニング施設「ドライブライン」で、動作解析などの数値を洗い出した。

「毎年毎年、同じことをやっているわけではないので。よりよくなるために、外部の人の意見を聞いたり、そういう人たちに見てもらって、いいものが自分の中でできたら」

試合前に行っていたフリー打撃も、2021年からはほぼ毎日、室内での調整に変わった。練習時間をできるだけ省き、体のリカバリーに充てることを優先するようになった。

かつて誰も歩んだことのない二刀流ロード。1世紀前にベーブ・ルースが二刀流だったとはいえ、調整方法の記録などはない。選手はそれぞれオリジナルな準備の仕方があるが、投打でプレーする大谷は体の状態に合わせて、常に柔軟に変えていく必要もある。

「どういうスケジュールでいったりとか、投げた後の5日、6日間はどういうふうに過ごすかは、もう僕にしかわからないので、そこの過ごし方次第で次の登板が決まったりとか、登板翌日の打席に響くかどうかとか、決まってくると思う。トレーニングも何日おきにやったらいいか、考えながら、やらないといけない」

もちろんメジャーリーグのベテラン選手や同僚、他球団のライバルたちのプレーを見て、学ぶことはある。試合での戦いを通じてレベルアップへの道を探ることもある。だが、二刀流のサンプルはどこにもない。自ら経験してきたことが基準となる。自己分析し、工夫を加える。この繰り返しは、あくなき向上心がなければ、できない。

「野球がやっぱり好きなんだなっていうのが一番ですかね。顔つきを見てもわかりますけど」

2023年3月、大谷は初出場のWBCで侍ジャパンを3大会ぶりの世界一に導いた。対戦相手のイタリア、チェコなど欧州の各国からも注目された二刀流。規模はサッカーのワールドカップ（W杯）にはまだ遠く及ばないものの、国際大会として発展を続けるWBC。大谷も大会期間中、熱を帯びた戦いに明るい未来を感じていた。

「確実に大会自体、進歩していると思いますし、回数を重ねるごとに権威のある大会に近づいていると思うので、まだまだ途中ですし、逆に言えば自分たちの力でもっともっとよい大会にできる、そういうやりがいみたいなのはどの国も感じていると思う。僕らはもう勝つだけだと思いますし、勝つことで日本のファンの人たちは喜んでくれると思うので、そこだけかなと思います」

「二刀流」で野球の新しい魅力を発掘

１次ラウンドではチェコ代表が日本戦で敗れた後、ベンチから総出で侍ジャパンの勝利を拍手で称えた。その姿に大谷はインスタグラムで「Respect（リスペクト）」と綴《つづ》り、敬意を表した。

「野球がやっぱり好きなんだなっていうのが一番ですかね。顔つきを見てもわかりますけど。ゲームやりながら、そこは全然レベルうんぬん関係なく、やっぱり好きなんだなっていうのは尊敬できるところでもありますし。野球に関係なく、スポーツ選手として試合を一緒につくっていく対戦相手としてのリスペクトも感じましたし、そこら辺はね、やっぱ素晴らしい選手たちだと思いましたね」

野球では発展途上のチームであり、侍ジャパンからすれば格下の相手だったが、チェコの先発サトリア投手は大谷から空振り三振を奪った。好きな野球を全力でプレーする姿に、大谷は心を打たれたのだろう。試合でのプレーだけでなく、普段は味わえない国を代表して戦った者同士の交流でも、いつも以上に楽しそうだった。

野球は今、オリンピックの正式競技から外されている。現在、野球が盛んな国はアジア、北米、中南米に限られる。世界的に野球を観戦する機会にもなるオリンピック。大谷はかつて、野球の国際普及ついて語ったことがある。

「(五輪競技として) 復活してくれるに越したことはないと思いますし、見たことがない人が目にするチャンスがあるところだと思うので。ただ、すぐ (プレー) できる環境がないところもありますし、もちろんお金のかかるスポーツなので、そう簡単にできるようなところではないと思うんですけど、目に留まれば、やってみたいなと思う人も増えるかもしれない。そういう意味では復活してほしいなと思ってます」

さらに二刀流というものが、野球を観戦する上で今までになかった楽しさを生み出すこともある。実際に、野球が好きではなかった、野球に興味のなかった人が、大谷のプレーを楽しみに野球を見るようになったとの話はよく聞かれる。野球人気の低迷もささやかれるが、大谷は「二刀流」で野球の新しい魅力を発掘してみせた。

「野球が一番伝統もあるし、歴史もあると思うので、そこを生かした見せ方もあるんじゃないかなと。そこに新しい要素が加わっていけば、また面白い魅力がどんどん出てくると思いますし、そういう意味で言うと僕も特別なことはしているので、その一つの要因になれたら」

WBCで戦ったチェコ代表の帽子を被りマイアミ国際空港に

野球界全体が進化している

今回のWBCで日本は世界一を奪回した。優勝の瞬間のマウンド上には、二刀流選手の大谷がいた。大会MVPにも輝き、投打で驚異的なパフォーマンスを国際大会で披露した。優勝後の会見。喜びと同時に他国へのリスペクトも欠かさなかった。

「日本だけじゃなくて韓国もそうですし、台湾も中国その他の国も、もっと野球を大好きになってもらえるように。その一歩として優勝できたことがよかったし、そうなってくれることを願ってます」

「実際に試合をするなかで、点差が開いた試合も確かにありましたけど、あまりそこまでの差がなかったんじゃないかなと。それだけ実力が均衡していることだと思うので、どの国が優勝してもおかしくない素晴らしい大会だった」

とはいえ日本で行われた1次ラウンド、準々決勝では最終的に力量の差を見せつけた。一方で、日本の野球も、世界各国の野球も、レベルが上がっている。大谷はそれを肌で感じた。

「最終的に勝つのは1チームなので。どうしても今は日本にフォーカスされがちですけど、本当に各国の試合、接戦の試合が多かったと思いますし、本当にどのチームが優勝してもおかしくなかったと思うので、野球界全体がいい方向に進んでいると思ってます。（日本での）強化試合から合流して、やっぱり僕がいた時よりも数段レベルも上がってますし、ピッチャーもバッターも。ダルビッシュさんもおっしゃっていましたけど、明らかに（野球界が）進歩しているので、そこがまず一番うれしかったですね。結果うんぬんではなく、いい方向に進んでいるっていうのが、僕自身の中では一番うれしかった」

かつてないほどガッツポーズや雄叫びを上げる姿を見せ、感情もあらわに戦い抜いたWBC。2023年シーズンでは開幕投手を務め、投打の二刀流として全力で駆け抜けた。8月23日に右肘の靱帯を損傷するケガに見舞われたが、その後もできる限り、打者として試合に出場し続けた気迫と二刀流のパフォーマンスは、野球を愛する世界中のファンの目に焼き付いている。

世界一の選手とは

ゴールがない分、常に頑張れるんじゃないかなと

世界一の選手になる――。大谷はゴールのない道を歩んでいるように感じることがよくある。

2023年3月のWBCで侍ジャパンを3大会ぶりの世界一に導いた。最終回のマウンドに上がり、胴上げ投手となった。初出場のWBCで二刀流として大活躍し、大会MVPを獲得。世界一の選手の称号は得たようにも思えた。だが、大谷の感覚は違った。

「間違いなく今までのなかでベストの瞬間じゃないかなと思いますし、今日勝ったからといって

その目標（世界一の選手になること）は達成されたわけではないので。一つの通過点として、もっと頑張っていきたいですし、これからシーズンが始まるので、そこに向けて日々努力したいと思っています」

次なる目標を聞かれ、即答した。

「シーズンが始まるので、そこでポストシーズン、ワールドシリーズで勝っていくのが次のステップ」

メジャー1年目から繰り返し口にしている言葉のため、さほど驚きはなかった。明確な目標はある。ただ、それがイコール世界一の選手かどうかは、わからない。むしろ、最終目的地は明確にはないのかもしれない。

評価するのは第三者

「世界一の選手」とは何をもって世界一なのかを、かつて聞いたことがある。すると、大谷はこう答えた。

「評価するのは第三者なので。いくら自分がやったと思っても、評価するのはファンの人とかじゃないかなと。評価基準がないので面白いのかなと思う部分もありますけど、最終的にそう評価してもらって、自己満足して終われたらいいんじゃないかと思う」

先述したように、毎年リーグＭＶＰは、全米野球記者協会（ＢＢＷＡＡ）の投票によって決まる。ファンではないが第三者が評価する。では、ＭＶＰ＝世界一の選手かと言えば、大谷にとってはそうでもないようだ。２０２１年に満票でリーグＭＶＰを獲得した時、「目標とする世界一の選手になれたのか」と、インタビュアーから質問が飛んだ。

「なってはないですね。自分でそう思う日はおそらく来ないと思う。目標としてはアバウトというか、そういう目標ですけど、ゴールがない分、常に頑張れるんじゃないかなと。確実にステップアップはしたと思ってますし、今回の賞はその一つだと思うので、今後のモチベーションの一つになりました」

シーズンＭＶＰを獲得しても、ＷＢＣで優勝に導いても、世界一の選手の目標は達成されていない。ワールドシリーズ制覇でそうなるのかと言えば、おそらく違うだろう。大谷自身の言葉通り、世界一の選手という評価基準ははっきりしない。明確なゴールはない。だから常に上を目指せる。歴史的なシーズンを送っていた２０２１年、「世界一のプレーヤーに近づいているか」との問いに、自らが感じる手応えを口にした。

「確実に成長はしていると思うので、それは自分でも実感していますし、やっぱりこうやって高いレベルのなかでやらせてもらって、日本にいるだけではここまでの経験はできなかったと思うので、それはすごく感謝しています」

2023年3月21日、WBCで14年
ぶりに世界一を奪還。MVPに

どう始まるかよりは、どう終わるか

満票でMVPを獲得しても、決して慢心しない。ただ、求める数字はある。ベーブ・ルース以来104年ぶりに「2桁勝利&2桁本塁打」を達成した2022年8月9日、2桁勝利の持つ意味について問われた。

「もちろん（2桁に）いくかいかないかは印象が大きく変わりますし、そこは違うかなとは思いますけど、もっともっと大事な数字というか個人を評価する上でも大事な数字はあるので、そこが上がってくればおのずと（勝ち星も）増えてくる」

投手・大谷は、勝ち星より防御率とWHIP（1イニング当たりに出した走者の数）を重要視している。

「投球に関してはイニングをしっかり投げて、あとはしっかり低いWHIPで抑えていくのが、それが勝ちにつながる要素だと思うので。打席はもちろんOPS（出塁率+長打率）が大事ですし、そういう総合的なところ、1試合1試合集中して、もっともっと上げていけたらなと」

勝ちにつながるパフォーマンスの指標となる数字が求めるところなのだろう。とはいえ、そこでトップになったからと言って、世界一の選手となるのか。もしかしたら、自身の言葉通り、現役でプレーしている限り世界一の選手になった実感は湧かないのかもしれない。ふと、メジャー

1年目の時の言葉が思い浮かんだ。

「初打席も初登板もドキドキしましたし、ワクワクもしましたけど、そこはやっぱり特別だったかなと思いますし、今日の打席に関してもあまりそういう気持ちと違わずに、同じ気持ちで毎日入れているので、そういう意味ではいいんじゃないかなと。毎試合毎試合、そういう気持ちで、やっていければ。どう始まるかよりは、どう終わるかが大事だと思うので、シーズン終わった時に、いいシーズンだったなと思えるように、一日一日頑張りたい」

どう始まるかよりは、どう終わるか——。

エンゼルスのOBで野球殿堂入りしているウラディーミル・ゲレロ氏も、かつて同じ言葉を大谷に投げかけていた。まずは、目の前の試合を懸命にプレーする。個人として「世界一」なのかどうか。そう感じる日は、選手として燃え尽きるまで来ないのかもしれない。

尊敬のまなざしが弱気な気持ちに変わることが多々ある

大谷翔平はメジャーで数々の歴史を塗り替えてきた。周囲の予想や偏見を覆し、見ている者を驚かせるのは、もはや日常茶飯事だ。時にそれは、「日本人選手」という文脈で注目されることもある。メジャーで日本人初の3年連続30本塁打、2度の40本塁打以上。体格やパワーでは劣るとされてきたアジア出身選手が、日本人選手が、ついに本塁打王のタイトルを獲得しようとしている（2023年9月10日現在、リーグ本塁打数1位）。

大谷の数々の偉業は、自分の能力を信じて一心に前に進み続ければ、夢のようなことでも実現できる、そんなメッセージのようにも思えた。

日本球界にとって大事なこと

先述のように、2021年6月には、オールスターの前夜祭で行われるホームランダービー出場を一番乗りで表明している。

「依頼が来たので、考えて、出てみたいなというか、そういう気持ちが強かったのかなと思います」

「日本人でホームランダービーに出るっていうのは見てないので、単純に僕が出てなくてもこれから先、出る人がもしかしたらいるかもしれないですし、単純に見てみたいな、と。野球選手としてそういう気持ちのほうが強かったので、出ようかなと思いました」

初めてのことに挑戦する、挑戦できるワクワク感——。大谷自身、メジャーリーグの本塁打競争で優勝を目指すとは、子どもの頃に思い描いてはいなかった。

「高校の時はピッチャーのほうで（メジャーに）行くと思っていたので、こうなるとは思ってなかったですし、予想外ではあるかなと」

ホームランダービーに出場した選手たちは、シーズン後半戦で調子を崩すことも多い。しかし、その後の影響を考えるよりも、「やってみないことには。何事も経験してみないとわからないので」と、野球選手としての好奇心が勝った。打者・大谷としてメジャー屈指のパワー自慢たちと勝負する。まさに夢舞台だった。

ホームランダービーに出場する意義は他にもあった。大谷はメジャー1年目から、怪力のスラッガーにも負けないパワーを見せつけてきた。2年目、打者に専念していた2019年シーズンもホームランダービー参戦への期待は高まっていたが、オールスター出場が叶わなかった。その当時から、大谷はホームランダービー出場へ意欲を見せていたのだ。なぜなのか。

「僕というよりは、日本の野球界にとって大事なことじゃないかなと。そこを出るかどうかも、勝つか勝たないかも大事だと思うので、いろんな選手がいるなかで（日本人として）出場するのは大事かなと思います」

剛速球で三振を奪い、本塁打で魅了する、豪快なパワー野球のメジャーリーグ。投手力や堅実な守備、小技を生かして1点を取りにいくスモール・ベースボールが主流の日本野球――。大谷がメジャーでホームランアーチストとして活躍する今でも、このイメージは残る。だが、お家芸の投手力や走力にパワーが加われば、日本の野球はさらに強くなる。それは、2023年3月のWBCで証明された。

2021年7月12日、デンバーで行われたオールスターのホームランダービーに出場。第1ラウンドでファン・ソト（当時ナショナルズ、現パドレス）に敗戦

「憧れてしまったら超えられない」

米国との決勝戦を制し、3大会ぶりの世界一を決めた試合後のインタビュー。FOXスポーツの解説者で野球殿堂入りしているデービッド・オルティス氏から「真面目な話だが、どこの惑星から来た？」と大谷は問われた。

「日本の田舎というか、本当、チームも少ないようなところで（野球を）やっていたので。日本の人たちからしても、頑張ればこういうところで（優勝）できるんだっていうのは、本当によかったかなと思います」

初のWBC出場を通じ、日本野球のレベルアップも体感した。手応えを感じたのは、技術やスピードだけでなく、精神面の強さでありパワーだった。

「誰も諦めなかったので、技術うんぬんではなく、そこが一番かなと。実際に（侍ジャパンに）来てみて思ったのは若い選手たちの投手力、とくにスピードに関しては確実に上がっている。いい傾向だなって思ったので、そこは本当に僕が日本にいた時よりも、ワンステップもツーステップも上がっているなと思いました」

大谷がホームランダービーに出場することで、日本人はメジャーリーガーのパワーには敵わないだろうというマイナスの固定観念を、前向きなマインドに変えたかもしれない。最強の米国代表には太刀打ちできないかもしれないという弱気を、強気なマインドに変えたかもしれない。

勝負を挑む前、まずはメンタルの偏見を打ち破る必要がある。WBC決勝、試合前の声出しで伝えたメッセージは、今後も語り継がれる名言だ。

「僕からは1個だけ。憧れるのをやめましょう。（相手の米国代表には）ファーストにゴールドシュミットがいたり、センターを見たらマイク・トラウトがいるし、外野にムーキー・ベッツがいたり、野球やっていれば誰しもが聞いたことがあるような選手たちがやっぱりいると思うんですけど、今日一日だけは、憧れてしまったら超えられないんで。僕らは今日超えるために、トップになるために来たので。今日一日だけは彼らへの憧れを捨てて、勝つことだけ考えていきましょう。さあ行こう！」

試合後、改めて真意を語った。

「僕らは知らず知らずのうちに、アメリカの野球にリスペクトを持ってますし、ただでさえ素晴らしい選手たちのラインアップを見るだけで、尊敬のまなざしが弱気な気持ちに変わることが多々あるなかで、今日一日だけはそういう気持ちを忘れて、対等な立場で、必ず勝つんだという気持ちをみんなで出したいと思っていました」

何事も戦う前に、挑戦する前に諦めない――。ホームランダービー出場も、WBC優勝も、二刀流の挑戦も、屈しない強い気持ちがあってこそ。そんなメッセージが伝わってくる。

大谷翔平とニューヨーク

「一回も（NYの街に）出たことがないのでわからないです」

大谷はヤンキースタジアムで強烈なインパクトを残している。

2021年6月の3連戦で放った3本の本塁打は圧巻だった。コロナ禍や故障も重なったため2018年以来となる久々のヤンキースタジアム。3連戦初戦の第1打席では右翼スタンドへ弾丸ライナーの一発。球場全体がざわめき、ヤンキースファンが観客席をほぼ占拠するなかスタンディングオベーションの大歓迎を受けた。2戦目では3年ぶりとなる2打席連続アーチ。2本目は滞空時間わずか3・2秒という衝撃の超低空弾だった。

元祖二刀流のベーブ・ルースも活躍し、「ルースが建てた家」とも呼ばれた旧ヤンキースタジアムは道路を挟んで向かい側にある。ヤンキース時代に10度の本塁打王に輝き、通算714本塁打を放ったルースを彷彿させるパワーを、大谷はニューヨークのファンの前で見せつけた。

「名実ともに世界一のチームだと思うので、そういうところでプレーできるのもすごい光栄ですし、何回も来ることはないと思うんですけど、数少ない打席のなかで結果が出たのはよかったかなと思います」

ニューヨークのファンも魅了

同球場で大谷が出場する試合は、ファンにとっても現地メディアにとっても注目の的だ。2022年5月31日〜6月2日の3連戦、アーロン・ジャッジ外野手との対決は「ホームラン・バトル」と称され、球場では特製Tシャツも販売された。

先述したように、ヤンキースタジアム開場100周年の記念日となる2023年4月18日の試合では、大谷が第1打席で本塁打を放ち、再びニューヨークのファンを歓喜させた。同球場の第1号は、1923年4月18日にルースが放っている。100年後の同じ日に大谷が本塁打を放つというミラクル。試合後、地元メディアも大谷の取材に殺到し、矢継ぎ早に質問が飛んだ。実は、同球場での大谷の通算打率は1割3分と相性はよくない。

「あんまりどの球場で打っているとかっていうのは、自分ではよくわかっていないので。あんまり悪い印象自体はないかなと思うんですすけど。シリーズの最初を今日取れたというのはよかったですし、また明日切り替えて頑張りたい」

ヤンキースタジアムの雰囲気はどう感じているのか。

「球場もきれいですし、ファンの人も熱狂的ですし。いつもたくさんお客さんが入って、今日も楽しんでプレーできたかなと思います」

そして、質疑応答のなかで驚きの答えがあった。これまで何度か訪れているニューヨークでの過ごし方とお気に入りのスポットについて問われると、苦笑いで明かした。

「一回も（外出で）出たことがないのでわからないです（笑）」

アメリカ最大の都市であり、世界的な観光地でもあるニューヨーク。連戦の合間に気分転換で名所を巡ってもいいのでは……などという短絡的な考えはあっけなく一蹴された。伝統球団にリスペクトを示し、好きな野球を思う存分プレーする。望んでいることは、本当に、それだけなのかもしれない。

2021年6月30日、ヤンキースタジアムでの初登板を前に

ベーブ・ルースとの奇縁

ヤンキースタジアムでの大谷の通算成績、打率は前述したように低いのだが、6安打のうち本塁打が4本。一方、2度の登板ではともにKOを食らっている。2021年6月30日の初登板では2/3回で7失点と大炎上。2022年6月2日、2度目の登板は3回0/3を投げ8安打4失点。投手成績は2戦0勝1敗、防御率27・00と散々な結果となっている。

その一方で、ヤンキースタジアムでの試合がターニングポイントになったことも。2021年6月30日の大乱調を境に、それ以降の8戦で6勝。投手・大谷が躍進するきっかけとなった。

「ヤンキース戦は調子が悪くて、いっぱい点を取られてしまったんですけど、そこから何が悪かったのかを考えて、工夫できたことがよかった」

ヤンキースタジアムで本塁打を放つ一方、投手で苦戦している点に関しては、ルースとの〝二刀流の奇縁〟を感じてしまう。

元祖二刀流が史上初の「2桁勝利&2桁本塁打」を記録したのは、レッドソックス時代の1918年。ヤンキースに移籍後はほとんど打者専任でプレーしている。旧ヤンキースタジアムでルースは打者として259本塁打をマークし、投手ではわずか1試合の登板。勝ち投手となったが、9イニングで12安打、5失点の結果となっている。

大谷はレッドソックスの本拠地、ボストンのフェンウェイ・パークでは投打ともに相性は悪くない。2023年時点で投手では2試合で1勝0敗、防御率1・00、打者では打率3割1分、2本塁打。ルースと同様に、投打で好成績を残している。

実際に、フェンウェイ・パークの印象はどう感じていたのか。

「風情があって素晴らしい球場だと思いました」

初登板ではマウンド上で躍動した。

「好きな球場なので楽しみにしていましたし、いい印象が持てたので、そこもプラスかなと思います」

ヤンキースタジアムでは打者ルースが見守り、フェンウェイ・パークでは二刀流ルースが味方になっている。そんなふうに感じてしまうのは、筆者だけだろうか。

二刀流の「睡眠哲学」

寝れば寝るだけいいかなと思いますね。質はその次。まずは量を確保するということかなと思います

アメリカにも「寝る子は育つ」という言葉があるのだが、大谷はとにかくよく眠る。二刀流としてシーズン162試合を戦う上で、試合間にどれだけ体力を回復させるか。大谷が最も心がけているのは睡眠だ。

驚いたのは2023年7月5日、マーリンズ戦での登板前日のことだ。7月4日はアメリカの独立記念日。ヒューストンから移動したエンゼルスはその日、試合がなく完全休養日だった。宿

舎はマイアミビーチ近くのリゾートホテル。独立を祝い、夜は花火などでにぎわっていた。大谷は何をしていたのだろうか。もちろん、登板前日のため体に負担をかける行動はしないだろうが、気分転換にビーチ散策でもしているのでは……。

「（ビーチには）行ってないですね。行こうかと思いましたけど、ずっと寝てたので。（ホテルで）マッサージをやってもらったりしていました」

入念な「計画睡眠」

やはりというか、野球のパフォーマンスにつながる体のメンテナンスが優先だった。初めて訪れる街に興味はなかったのだろうか。

「街もきれいですし、気分転換というか、雰囲気は多少、街ごとに違うので、明るい雰囲気でよかったかなと思います」

宿舎からマーリンズの本拠地ローンデポ・パークまでのバス移動で、ダウンタウンの街並みは見えたはずだ。外出していないとすれば、景色を堪能したのはバスから球場までの往復の間だけだったのかもしれない。

2023年4月、大歓迎で迎えられたヤンキースタジアムでは地元メディアの質問攻めにあった。前述したように、この時、球場外でのお気に入りの過ごし方を問われた大谷は、「1回も出たことがないのでわからないです」という〝衝撃発言〟を残している。

ニューヨークは世界的な観光都市の一つだ。タイムズ・スクエアや立ち並ぶ高層ビルの摩天楼、セントラルパーク、自由の女神など観光名所は数多い。シーズン中に限れば、大谷は2023年の4月までに3度、ニューヨーク遠征に帯同していたが、一度も外出したことがないという事実には、誰もが目を丸くしたにちがいない。

さらに同日、睡眠についての徹底ぶりも明かしている。米国は東部と西部で3時間、中部と西部で2時間の時差がある。エンゼルスの本拠地は西地区。遠征先に移動すれば、中部なら2時間進み、東部なら3時間進む。他地区から本拠地に移動する際は時間が逆戻りする。

2023年4月はニューヨークでのヤンキース戦を終えると、移動日なしで本拠地アナハイムでの連戦が待ち受けていた。時差ボケも伴うなか、体の状態をキープするために重要なことは、やはり寝ることだった。

「一番は睡眠ですかね。時差があるので、ここからまたすぐ（本拠地に）戻りますけど、いつもだったら中地区挟んだりとかで、多少緩い感じの、こんなにスケジュール的にタイトではないかなと思うんですけど、一番は睡眠じゃないかなと思うので。睡眠、いつ寝るかの準備を数日前から計画的にやる必要はある」

どのタイミングで寝て、どれくらい寝るか。計画的な睡眠が過酷な日程に耐えるための必須のメソッドだという。

2023年3月のWBC遠征でもオーダーメイド枕
を持参するほど「睡眠力」を重視

睡眠時間の確保がいいパフォーマンスに

振り返れば、「よく寝る大谷」は所々で話題になった。右肘のリハビリ中だった2019年2月、練習に制限があったため、一日のなかで時間が空くことも多かった。球場から離れ、何をしていたのか。

「ゆっくりしているか、けっこうお昼とかも寝ているので、寝ている時間は長いと思います。基本的にシーズンよりも朝は早いので、夜は23時とかそのくらいに寝ますけど。(リハビリを終えて宿泊先に)帰ってすぐ寝て、18時くらいまで寝てる時もあります。まばらですけど、けっこう寝ると思います。2回、寝ていますね」

とにかくよく寝る。時には寝だめすることもある。投手としてメジャーでキャリアハイの成績を残した2022年シーズン。残り約1カ月の時点で、最も心がけるべきことを明かした。

「一番はやっぱり睡眠だと思うので。睡眠時間をしっかり確保することがいいリカバリーにつながりますし、いい切り替わりができれば、いいパフォーマンスにつながっているので。一貫してリカバリーは大事だなと思ってますけど、最後の1カ月のほうが体的にもきついと思うので、より大事になってくるかなと」

2023年5月上旬、侍ジャパンでともに戦ったカージナルスのラーズ・ヌートバーから、遠征先のセントルイスで食事に誘われた。携帯にメッセージを送ったそうだが、大谷は寝ていたという。真相はいかに……。

「その通りですね。寝てましたね。(日中も？　との問いに) 日中、そうですね。時差があるので向こう (西時間) だとまだそんな深く (夜遅く) はなかったりしますけど、比較的、睡眠は取れてたかなと思います」

寝過ぎるのも逆に疲れるような気がするが、どうなのか。

「寝れば寝るだけいいかなと思いますね。質はその次、まずは量を確保するということかなと思います」

優先順位は量から質のようだが、寝具にもこだわりはあるという。アスリートにとっての睡眠の重要性は、ますます注目されていくのではないだろうか。

詰まっても、先っぽに当たっても、ある程度いい角度で上がればホームランになるという自信は持って振っている

大谷の技術論は、常人の理解の範囲を超えることが少なくない。レベルが違いすぎて役には立たないとは思うが、大学まで野球を経験したことがある筆者にとっても、「どういうこと？」と理解が追いつかないのだ。文字で説明するとさらに難しくなるが、野球研究という意味でも、別項で紹介した言葉も含め、あえてピックアップしてみたい。

「いいスイングをしている時は比較的、打球が上がりやすい傾向があるかなと思うので、それは

どのバッターも一緒だと思うんですけど、そのほうが（ボールとバットの）接点も多くなりますし、いい傾向だなと思ってます」（２０１８年8月18日）

「結果的に上がっている打球に関しては比較的、ヒットになったりホームランになる率が高いので、そこ次第かなと。ゴロになればアウトになる確率が高くなっているので、かといって上げにいくのではなく、自然に上がるポイントでしっかり捉えられるかどうかが、今は大事」（２０１9年5月31日）

「ファウルにも、いいファウルと悪いファウルがあるので、もったいないなというファウルと、大丈夫だというファウルがあるので、そこを意識しておけばいいかなと思います」（２０１９年6月4日）

「基本的には低い打球を打ちたい」

「必ずこれっていう（バットスイングの軌道）のはないですね。ど真ん中のボールがどういうスイングなのか、まず考えないといけないですけど、そこを平行だと考えたら、ある程度、内の高めとかは下からというか、その軌道じゃないところを通さないと打てないですし、外の低めもその軌道じゃないところで打たないと打てないので。そのコースによって、または球種によって、それは変わってくるかなと思いますね」（２０２０年2月15日）

「自分のよさというか、打球方向だったり、打球の角度だったり、それはもう小さい時からやってきて一番力の出やすい（スイングの）軌道があるので。そこをずらすのがいいのか、今の段階ではずらさないほうがいいですし。その軌道のまま、あとはタイミングだったり（ボールとの）距離感の取り方だったりとかなのかなと。どっちがいいというのは、はっきりはないですけど、今の段階ではどっちも試しながら、やっぱりずらさないところはずらさないほうがいいよねっていうところはある」（２０２０年2月25日）

「基本的には低い打球を打ちたいと思っている。やっぱりそのほうが（ボールがバットに）当たる面積も大きいですし、打球速度も速くなるので、その分ヒットになる確率も高くなる。角度がなくても、ホームラン、長打になるのは利点になると思うので、上がればホームランになりますけど、上がらなくてもホームランになるようにしっかりと振っていく、っていうのがまず大事」

「（打球が）上がっているかどうかは（ボールの）下をたたいているかどうかなので。ゾーンというか下をたたく位置が長く、バットが通っていれば、その分、ゴロになりにくかったりとか、それは引っ張るかどうかにもよると思うんですけど。単純にゴロを広角に打てるとか、フライを広角に打てるとかではなくて、しっかりといい球を、しっかりとしたスイングでいい打球を広角に打てるというのが、いいバッターかなと思います」（ともに２０２１年2月23日）

2022年4月15日、シーズン1号は右中間への124メートル弾

「ホームランを狙おうというのは、ほとんどない」

「構えに入る前にしっかりと、ピッチャーがいい角度で見えているなら、構えた時にも同じように見えて、踏み込んだ時にも同じように見えるので、構えに入る前からしっかりそういう角度で見えている時は比較的（状態が）いいかなと」（２０２１年3月1日）

「ホームランを狙おうというのは、ほとんどないですね。そういう打席はほとんどシーズン中もないので、いいコンタクトしたら勝手にホームランになると自分では思っている。詰まっても、先っぽに当たっても、ある程度いい角度で上がればホームランになるという自信は持って振っているので、とくに狙うということはなく、いい角度でボールに当てるというのが一番」（２０２１年4月4日）

「甘い球も結構ありましたし、セカンドゴロなんかも僕の中では打ち上げている球なので、多少なんて言うんですかね、バックアップ気味に、曲がりきらない変化球というか、一番面倒くさいというか。投げていてもそうですけど、自分がミスしたなと思っているボールが一番打てないボールになったりするので。そういう微妙なところ」（２０２２年3月31日）

「その要素（バットスピード）一つだけでそうなるって実感できることはないですし、そこが伸びているっていうことは他の要素ももちろん、よくなっているってことなので、それに付随してよくなっているなって実感できることはありますけど、単にがむしゃらに速く振ればいいというものではない」(2022年4月5日)

「ある程度いいところに(打球が)飛んで、それなりに追い込まれたなかで厳しいボールにバットが当たるのは、それなりにいいスイングパスを通っているんじゃないかなと思うので、状態的には悪くはない」(2023年4月5日)

「一番は(スイングの)軌道じゃないかなと思うので、自分の理想の軌道で振れている時は、右ピッチャーも左ピッチャーも関係なく、球種も関係なく、長い間コンタクトできる準備ができている分、詰まっても泳いでも、しっかり振れる準備ができているんじゃないかなと思います」(2023年6月27日)

WBCと栗山監督

「信頼してもらって、全部預けてもらったのは、すごく感謝しています」

大谷は日本ハム時代に栗山英樹監督のもとで二刀流の礎を築いた。そして2023年3月のWBCでは再び、ともに戦い、二刀流で頂点に立った。ともに日本一も世界一も経験。二人の信頼関係は、やはり特別だった。WBC優勝後の会見で、大谷は恩師に感謝の気持ちを伝えた。

「準備の仕方も含めて、信頼してもらっているのもうれしかったですし、そこに集中できて、そういうふうに信頼してもらって、全部預けてもらったのは、すごく感謝しています」

「日本一にも２０１６年になりましたけど、こういう形でまた一緒に野球をする、そうなると正直思ってなかったので。本当にいい経験をさせてもらいましたし、最終的に最高の形で終わることができて、素晴らしい大会、自分にとっても素晴らしい経験だった」

理解と信頼

日本でのＷＢＣ１次ラウンド、開幕投手を任され、二刀流で起用された。決勝戦ではＤＨを解除し、９回から守護神として登板する秘策で胴上げ投手にもなった。二刀流で始まり、二刀流で有終の美を飾った。

「最高の形で終わることができたので、全員が自分たちの仕事をして、粘り強く最後の最後まで諦めずに、監督を優勝させることができてよかった」

二人にとっては事前に思い描いた通りの展開だったのかもしれない。準々決勝のイタリア戦後、日本から米国へ移動。侍ジャパンはフロリダ州マイアミの地に飛んだ。準決勝メキシコ戦を前に行われた全体練習では、大谷と栗山監督が話し込む場面もあった。決勝での登板を含め、世界一までのさまざまなシナリオを描いた。そのための準備を重ね、頂点にたどり着いた。

もっとも、すべては大谷が心身ともに最高の状態でＷＢＣを迎えられたことが大きかった。日本ハムから旅立ち、メジャーで５年。故障を繰り返しながらも、メジャーリーグのシーズン１６

2試合を投打で完走できるフィジカルをつくり上げた。

2月まではエンゼルスのキャンプに参加し、満を持して帰国。強化試合での出場を経て、開幕戦に向けて意気込みを語った。

「お世話になった監督とこういう舞台でできるっていうのは、すごい特別なことですし、もちろん一緒に優勝できれば、これ以上ないかなと思います」

メジャーに挑戦して以降、再び栗山監督とともに戦うことは想像していなかったという。遡《さかのぼ》ると、侍ジャパンの監督に栗山氏が就任し、WBCを来春に控えていた2022年7月。「共闘」が現実味を帯びてきた時期に大谷は心境を明かした。

「自分を理解してくれる方なので、やりやすいかなと思いますし、その人と一緒に頑張りたいなという気持ちに、もちろんなると思うので。5年間お世話になりましたし、それ以降はなかなか、年に1回くらいしか会う機会はないですけど、もし選んでいただけるのであれば光栄なことですし、一緒に頑張りたい」

対話を重視する監督

約1カ月後の2022年8月、栗山監督はエンゼルスタジアムを訪れた。試合を観戦し、二刀流でプレーを続ける大谷の状態を確認した。そしてシーズン終了の10月5日、大谷の気持ちに変

栗山監督に全幅の信頼を寄せていた

わりはなかった。

「（日本代表のメンバー入りなら）光栄なことなので、一番は体調面も含めて、自分が万全の状態で出られるのかどうなのかっていうところがまず一番かなと思うので、ちょっと1回ゆっくりして、体をリセットして、そこからかなと思います」

それから約1カ月半後、大谷は自身のインスタグラムでWBC出場を栗山監督に伝えたことを明かした。先行して12人のメンバーを発表した年明けの記者会見にもサプライズで登場。初出場への意気込みを語り、同監督への変わらぬ信頼を口にした。

「本当に一人ひとりの選手と対話する監督だと思うので、一緒にプレーしたことがない選手も数日でお互いを知ることができるんじゃないかなと思いますし。そういう雰囲気を持っている監督だと思うので、集まる選手はなんの不安もなくプレーできるかなと思います」

大谷自身も対話を重ねて、日本のプロ野球で二刀流の基礎を固めた。高校を卒業してメジャーリーグ挑戦を一度は表明しながら、日本ハムでのプレーを決断している。シーズンMVPを獲得した2021年11月、日本記者クラブでの会見で、同年限りで日本ハムの監督を退任した恩師について問われると、こう答えた。

「本当に栗山さんには感謝しかないですし、あの時、いろいろ話して日本ハムに入っていなかったら、こういう形ではここにはいないと思うので、寂しい思いはありますけど、長年、頑張ってこられた方なので、今後どうするのかはわからないですけど、少しゆっくり、リラックスした時間を過ごしてほしいなと思いますね。その分、僕が頑張っていけたらいいなと」

侍ジャパンの監督を退任した恩師に対する気持ちは、今もきっと変わらないだろう。感謝を胸に、大谷はさらなる高みを目指す。

終わりなき旅

全員が全員、毎回100パーセントの状態で登板しているわけではない

2023年8月23日、大谷は右肘を再び故障した。二刀流で鉄人のように試合出場を続けてきたが、右腕が悲鳴を上げた。野球ファンはもちろん、球界やメディアも落胆した。投打で輝きを放ち、見る者に幸せを運び、社会を明るく照らしていただけにショックも大きかった。

大谷の体は大谷が一番よくわかっている。故障者が続出して苦しいチーム状況のなか、限界まで戦っていた。故障前のコメントをたどると、やはり疲労が体を侵食していたことがわかる。

6月下旬から右手中指に異変

8月9日のジャイアンツ戦。2年連続2桁勝利となる10勝目を挙げたが、6回を投げ切るのが精いっぱいだった。

「疲労はみんなピークぐらいじゃないかなと思うので、連戦の最後というのもありますし、また明日休みを挟んで、(体が)どんな感じなのかを確認しながら、もちろん、休みが必要なら休むということも仕事として大事かなと思います」

試合にできる限り出場することで、その経験を次につなげる——。ファンやメディアから疲労を心配され、休養すべきとの声があったなかでも出続けてきたが、ついに「休むことも仕事」と口にした。それだけ体が疲弊していた。

8月3日のマリナーズ戦では右手中指のけいれんもあり、4回で降板していた。

「一番は疲労じゃないかなと思いますね。それは単純に連戦っていうのもありますし、移動が含まれてる、そういうところもあると思いますけど、できる限りの体調管理はしてはいるので、そのなかで出れるという判断ではあったので。結果的にこういう形になってしまって申し訳ない」

気力を振り絞り、限界まで突き進んだ。故障者が続出し、ポストシーズン進出が厳しい状況で負けられない試合が続いていたチーム状況も、頭にあったのかもしれない。一方で、夏場にさしかかり、すべての登板が万全の状態ではなかった。しかし、投げられるとの判断で出場を続けていた。

「もちろん相談して決めることではありますけど、みんな、いっぱいいっぱいの状態でプレーしてますし、休むような試合と言ったらアレですけど、そういう試合はもうないと思うので、できるなら1試合1試合、全部出たい」

「(プレーに影響は)ないという判断で出たので、もちろん迷惑がかかるような状況だったら出ないですし、出たほうがチームが勝つ確率が高いんじゃないかなっていう判断です」

右手の中指には6月下旬頃から異変が出始めていた。7月4日のパドレス戦も割れた爪が完全に治りきらないままで登板。6回途中、5失点で4敗目を喫している。

「もちろん100ではないですけど、全員が全員、毎回100パーセントの状態で登板しているわけではないですし、ある程度のスケジュールを守りながら、そのなかでピッチングしないといけないので、そのなかで抑えたかったなというところ」

二刀流だからと自分を特別視しない

2021年から二刀流でシーズン162試合を完走してきたとはいえ、自分の体との戦いは毎年のことだった。投打でほぼフル出場を続けるのは当然、他選手以上に負担があった。だが、大

二刀流に終わりはない

谷は自分を特別視することなどない。二刀流だから、という言い訳をするつもりなど毛頭ない。

2022年のシーズン中、疲労を指摘された時の言葉がそれを物語っている。

「1年間、出ていればやっぱり、疲労というのはたまると思いますし、それはもう、みんな野手もきつい体で出ていると思うので。自分だけではないですけど、あと少し頑張りたい」

振り返れば2022年にも、けいれん、いわゆる体がつる症状があった。8月3日、右前腕がつる症状が出た。休養の必要性を指摘されると淡々と切り返した。

「出られる試合は出たいなと思ってますし、休める余裕もないですし」

大谷自身が口にしていたように、体の状態に合わせた二刀流の調整は、もう大谷にしかわからない。

「疲労はもちろん、やればやるほどたまっていくのかなと思うんですけど、そのなかでオフの日もそうですし、DHで出るにしても、なんていうんですかね、練習量だったり、そこまでの過程で調整できるところがあると思うので、そういう微調整でやっていきたい」

周りと比較することもできない。自分を信じて、試合に出られるのか、出られないのか、判断するしかない。それはチームも理解している。だから、監督やGMも大谷の言葉を信じるしかない。二刀流として2年連続、シーズンを完走した2022年10月5日、ほっとしたような表情で言った。

「安定して毎試合投げられたのがよかったところかなと。それが一番。健康な状態で毎試合、疲れるのは別として、マウンドに上がることができたのは一番だと思うので、それをまた来年継続して、もっともっと成長できれば、もっともっといい選手になれる」

二刀流で継続して、安定して出続けること――。これが大谷のブレない目標だ。気力で乗り切ってきたが、右肘は悲鳴を上げた。原因は当然、どこかにあるのだが、誰かを責めるべきことではないと思う。防げたのかもしれないが、起こってしまったことは何を言っても、もう変えられない。

1世紀ぶりの二刀流のパフォーマンスを見られることに感謝し、今後も応援する――。大谷に恩返しをするなら、この気持ちをずっと持ち続けること。そう信じて、見守りたい。

あとがき

大谷翔平を追い続け、筆者の人生観は変わった。

２０１８年からメジャーリーグの取材を始めて6年。あっという間だった。個人的な話で恐縮だが、この仕事を始める前は、カリフォルニア州サンディエゴの大学院でスポーツビジネスを学んでいた。正社員として働いていた日刊スポーツ新聞社を退職し、30歳を機にキャリアチェンジを目指して渡米。大学院修了後に再び、同社と契約した。スポーツビジネス界に進出するつもりが、出戻りとなった。

正直、米国でこれほど長く記者として取材を続けるとは思っていなかった。ビジネスの修士号を得たにもかかわらず、日本時代と変わらない出戻り状態に、恥ずかしさを感じたことすらある。だが、今は違うと胸を張って言える。ここまで続けられたことは誇りだ。大谷の二刀流は筆者の心を大きく動かした。

２０２３年3月21日。ＷＢＣの決勝戦で、大谷とマイク・トラウトの夢の対決が実現した。漫画のような最高の結末で日本が世界一になった。球場の記者席から見たこの光景は、これからも忘れることはないし、あの瞬間に「渡米してよかった」と、心の底から思えた。

エンゼルスの歴代の監督や同僚選手たちは、大谷を見られることは「特権」だと表現する。たしかに、その通りだ。投打のパフォーマンスはもちろん、囲み取材での言葉も年々、貴重になっている。だからこそ、その機会を得られることにまず、感謝したい。

今後、彼はどうなっていくのか。二刀流をどこまで続け、どんなドラマが待っているのか――。予想なんてできない。むしろそれが、面白い。

記者たる者、偏りがあってはいけないし、公正な視点が常に必要だが、屈しないこの男の行く末を見続けたいと思う。

最後に、本書を執筆するにあたり多大なご協力をいただいた宝島社の宮川亨さん、取材機会をいただいている日刊スポーツNEWS社、エンゼルス関係者の皆さま、ともに仕事をしてきた番記者の方々、そして家族のサポートに心から感謝したい。

斎藤庸裕

2023年9月10日

60

大谷翔平　MLB年度別成績

年	区分						
2018年（162試合制）	投手	試合	勝利	敗戦	防御率	投球回	奪三振
		10	4	2	3.31	51.2	63
	打者	試合	本塁打	打点	打率	安打	盗塁
		104	22	61	.285	93	10

※アメリカンリーグ新人王

年	区分						
2019年（162試合制）	投手	出場なし					
	打者	試合	本塁打	打点	打率	安打	盗塁
		106	18	62	.286	110	12

年	区分						
2020年（60試合制）	投手	試合	勝利	敗戦	防御率	投球回	奪三振
		2	0	1	37.80	1.2	3
	打者	試合	本塁打	打点	打率	安打	盗塁
		44	7	24	.190	29	7

年	区分						
2021年（162試合制）	投手	試合	勝利	敗戦	防御率	投球回	奪三振
		23	9	2	3.18	130.1	156
	打者	試合	本塁打	打点	打率	安打	盗塁
		158	46	100	.257	138	26

※アメリカンリーグMVP

年	区分						
2022年（162試合制）	投手	試合	勝利	敗戦	防御率	投球回	奪三振
		28	15	9	2.33	166	219
	打者	試合	本塁打	打点	打率	安打	盗塁
		157	34	95	.273	160	11

年	区分						
2023年（162試合制）	投手	試合	勝利	敗戦	防御率	投球回	奪三振
		23	10	5	3.14	132	167
	打者	試合	本塁打	打点	打率	安打	盗塁
		135	44	95	.304	151	20

※2023年9月10日時点

斎藤庸裕

さいとう・のぶひろ●米ロサンゼルス在住のスポーツライター。慶應義塾大学卒業後、日刊スポーツ新聞社に入社。編集局整理部を経て、ロッテ、巨人、楽天の3球団を担当。ロッテでは下克上日本一、楽天では球団初の日本一を取材。退社後、2014年に単身で渡米。17年にサンディエゴ州立大学で「スポーツMBAプログラム」の修士課程を修了し、MBAを取得。18年、大谷翔平のエンゼルス移籍と同時にフリーランスの記者としてMLBの取材を始める。日刊スポーツにも記事を寄稿。著書に『大谷翔平 偉業への軌跡　【永久保存版】歴史を動かした真の二刀流』（あさ出版）がある。

装丁・本文デザイン／ライラック

本文DTP／一條麻耶子

帯写真／日刊スポーツ/アフロ

本文写真／アフロ、ゲッティイメージズ、AP/アフロ、ロイター/アフロ、日刊スポーツ/アフロ、スポニチ/アフロ、東京スポーツ/アフロ、USA TODAY Sports/ロイター/アフロ

大谷翔平 語録

2023年10月13日　第1刷発行

著　　者　斎藤庸裕
発 行 人　蓮見清一
発 行 所　株式会社 宝島社
〒102-8388　東京都千代田区一番町25番地
電話（営業）03-3234-4621
（編集）03-3239-0646
https://tkj.jp
印刷・製本　サンケイ総合印刷株式会社

Printed in Japan
ISBN 978-4-299-04394-8